駿府の大御所　徳川家康

小和田哲男

静新新書
010

はじめに

徳川家康は七十五年の生涯の半分以上となる四十三年間を現在の静岡県ですごしている。都道府県でいえば、生誕地の愛知県や、江戸城のある東京都より、わが静岡県での生活の方が長い。愛知県民からは怒られるかもしれないが、家康は静岡県民といってもよいような状況である。

しかも家康は、将軍職を秀忠に譲り、大御所となって、どこにでも好きな場所に住めることになったとき、駿府を選んでいる。通説では、まだ松平竹千代といっていた時代、今川義元の人質として辛酸をなめたとされているが、実際はかなり優遇された人質で、だからこそ、大御所となったとき、江戸から駿府に移り住んできたのであろう。家康自身、その理由として、「駿府は故郷のようなところ」といっていたくらいである。

今年二〇〇七年は、その家康が駿府城を築き、江戸から移ってきてちょうど四百年となる。静岡市を中心に「大御所四百年祭」が企画され、具体的な事業も始まっており、家康という人物を見直すよい機会ではないかと思われる。

よく、「あなたの好きな歴史上の人物は誰ですか」といった形で、日本史人物ベストテンが発表されることがある。以前は、織田信長、豊臣秀吉が上位を占め、家康はなかなかベストファイブに入らなかった。ところが、ここ数年、家康の人気度は確実に上がっている。まだ、信長・秀吉を追い抜く状態ではないが、近い将来、逆転もありうるのではなかろうか。

それは、家康が現代の社会、すなわち、バブルのころとはちがう、いわゆる「低成長安定型」の経済のしくみを作りあげ、また、「徳川の平和」といわれるような、二百六十年にわたり、島原の乱を唯一の例外として国内での戦いがなく、また、一度も海外への侵略戦争をしかけなかったことが評価されてきたからであろう。人物評価は時代によって変わるわけで、家康の施策、家康の生き方に現代のわれわれが共鳴する部分が多いのも事実といってよい。

本書はそうした家康像をあらゆる角度から描きだそうとしたものである。従来あまり紹介されることのなかったエピソードなどもとりあげながら、家康という一人の人物を見直したいと考えている。

静岡大学教育学部教授・小和田哲男

目　次

目次

遠き道―素顔の徳川家康

1　腕白少年竹千代

竹千代誕生の頃の松平氏

家康の生まれたのは天文十一年（一五四二）十二月二十六日のことであった。幼名を竹千代といった。この天文十一年という年はどのような年だったのだろうか。十一年そのものにはあまり大きな事件は見られないが、前年十年（一五四一）には武田晴信（のち信玄）が父信虎を駿河に追放して自立しており、竹千代の生まれた翌年（一五四三）は、日本にはじめて鉄砲がもたらされた年として、小学校・中学校の教科書にも登場してくるので、御存じの方も多いと思われる。

つまり、竹千代が生まれた前後は、まさにこれから戦国争乱がたけなわになろうという時期だったということになる。家康の一生を見る時、こうした時代状況を背景にもっていたということをはっきりさせておかねばならないであろう。ちなみに、信長の生まれたのは竹千代誕生八年前の天文三年（一五三四）であり、秀吉は、そのあと天文六年（一五三七）であった。

ところで、竹千代が生まれたころの松平氏はどのような状態だったのだろうか。家康の祖、すなわち松平氏の初代親氏は、三河国加茂郡の山間部にある松平郷の土豪であった。郷名を苗字にしたことからもうかがわれるように、初期の松平氏の基盤は松平郷という小さな村であったことがわかる。

二代泰親の時、山間部の松平郷を出、矢作《やはぎ》川下流部に進出し、岩津・安祥（安城）・岡崎に城を構え、信光―親忠―長親―信忠―清康と勢力を拡大し、その間、十四松平などとよばれる庶流家を分出しながら、加茂・碧海・額田・幡豆の西三河四郡に在地領主制を展開していったのである。

清康の段階の松平氏を戦国大名とよんでよいものかどうか議論のわかれるところであるが、単なる国人領主ではなく、少なくとも、庶流家の国人領主をたばねる位置にあったことは明らかで、小規模な戦国大名的勢力を有していたことは異論の余地がない。

もし、そのままの形で松平清康が発展すれば、松平氏は尾張の織田信秀に対抗しうる勢力に成長したであろうが、天文四年（一五三五）、清康が家臣に殺されるという突発事件すなわち森山（守山）崩れにより、松平勢力の一時的衰退を余儀なくされたのである。

そのため、清康の子広忠は領国を維持することが困難となり、当時、東三河にまで勢力を伸ばしてきていた今川義元の傘下に入ることによって、かろうじて存続することができるという事態にたちいたったのである。傘下に入るにあたって、広忠は人質を今川義元に提出することになった。それが、竹千代である。しかし、それすらスムーズには行かなかった。いかにも家康の苦難の一生を予言するかのようなできごとであった。

竹千代が六歳になった年、すなわち天文十六年（一五四七）八月、岡崎を出て西郡《にしのこおり》（蒲郡市）から舟で渥美郡田原に出、そこから陸路をとって駿府に向かおうとしたのであるが、田原城主戸田康光は織田信秀に通じており、康光が「陸路より舟の方が安全」という言葉を信用して舟に乗ったところ、舟は駿府には向かわず尾張につれて行かれてしまったのである。

織田信秀が人質を奪い取ったのは、いうまでもなく松平広忠を味方にするためであった。信長が、こうした父信秀のやり方をどのような目で見ていたかは明らかではない。史料としては残っていないが、この時、信長と竹千代は何度か顔を合わせていたであろう。

松平広忠を味方につけようとしたにもかかわらず、広忠は織田方にはなびかなかった。信秀にしてみれば、当初の思惑が全くはずれてしまったことになり、人質竹千代はもはや不用であった。このあたりのいきさつは『徳川実紀』（以下、『東照宮御実紀』をこのように表現する）にくわしい。同書の巻一に、信秀より広忠にあてた口上をつぎのように記している。

幼息竹千代は我膝下に預り置たり。今にをいては今川が与国をはなれ、我かたに降参あるべし。もし又その事かなはざらんには、幼息の一命たまはりなん。

これに対し、広忠は使者に、
愚息が事は織田がたへ質子に送るにあらず。今川へ質子たらしむるに、不義の戸田婚姻のよしみを忘れ、中途にして奪とりて尾州に送る所なり。広忠一子の愛にひかれ、義元多年の旧好を変ずべからず。愚息が一命は、霜台《そうだい》の思慮にまかせらるべし。

と答えている。霜台というのは弾正台の唐名で、ここでは弾正忠信秀のことをさしているが、とにかく、広忠は、わが子を奪われても今川への従属の意志は変えないというものであった。そこで信秀は、「信秀もさすがに卿の義心にや感じけん。竹千代君をうしなひ奉らんともせず、名古屋万松寺天王坊にをしこめをきて、勤番きびしく付置」いたのである。

尾張人質時代の竹千代のことについてはあまり記録がなく、くわしいことは不明である。六歳から八歳という幼年時代でもあり、また短期間だからということにもなろうが、一つだけおもしろいエピソードがあるので紹介しておこう。

竹千代が織田信秀の人質として尾張万松寺の天王坊というところにいた頃のことである。ある時、熱田神宮の神官が、竹千代のところに、「これはいろいろな鳥の鳴き声をまねる黒鶫《つぐみ》という鳥です」といってもってきたことがある。家康についてきていた侍たちは珍しがってよろこんでいたが、竹千代は、「この鳥はかならず、己が音のおとりたるをもて、他鳥の音をまねびて、その無能をおほふなるべし。おほよそ諸鳥皆天然の音あり。黄鳥は杜鵑《ほととぎす》の語を学ばず。雲雀《ひばり》は鶴の声を擬せず。をのがじゝ本音もて人にも賞せらるれ。人も亦かくのごとし。生質巧智にして万事に能あるものは、かならず遠大の器量なき者ぞ。かゝる外辺のみかざりて真能のなきものは、鳥獣といへども大将の翫には備ふまじきなり」（『徳川実紀』附録巻一）といってこれを返させている。

八歳の竹千代が、この通りにいったとは考えられないにしても、あるいはこれに近いようなことはあったのかもしれない。小なりとはいえ、三河の豪族松平氏の嫡子としての自負は小さい時からあったものとみえる。

今川氏の人質として

天文十八年（一五四九）三月十日、竹千代の父広忠が、清康と同じように家臣に殺されるという事件がおこった。松平家中が動揺したことはいうまでもない。とにかく嫡子竹千代が織田方にとられている上に、広忠が殺されてしまったのである。家臣の中に、「この際織田方につこう」という空気が出てきても不思議でない。

こうした松平家中の動揺を見て機先を制したのが今川義元であった。義元は部将を派遣して岡崎城を接収させ、松平氏の重臣・妻子を駿府に移し、広忠遺臣が織田方に属するのを防いだのである。

それればかりではなく、竹千代にも直接かかわるあらたな動きがあった。その年十一月八日、義元の軍師とも執権ともいわれる太原崇孚雪斎が自ら大将となり、織田信秀の支城で、当時、信長の庶兄にあたる織田信広の守る安祥城を攻めたのである。戦いは織田信広方の完敗で、信広は生けどりにされた。

この時、雪斎は、わざと信広を生けどりにさせたわけで、それは、尾張に人質となっていた竹千代との人質交換をねらっていたからである。そして雪斎の思惑通り、竹千代と信広との交換が行われ、竹千代は今度は駿府へ下ることになった。戸田康光にあざむかれたため、二年間、尾張での生活を余儀なくされたが、今度は、本来の役目ともいうべき駿府人質生活が始まるのである。

この時、松平家中では、広忠が死んでしまった今となっては、竹千代が広忠の遺跡を相続し、岡崎城にもどってくるという期待があった。しかし、三河を制圧し、さらに尾張にまで力を伸ばそうという義元にとって、西三河、とりわけその中枢の地ともいうべき岡崎城は重要な意味をもつ場所であった。そこをわずか八歳の竹千代にまかせることは義元にはできないことであった。竹千代は織田信秀の人質を解放され、その年の十一月十二日、亡父広忠の墓まいりのため岡崎に立ち寄ることができただけで、すぐ駿府へとおもむかねばならなかったのである。

岡崎を出発したのがその年の十二月二十七日といわれているので、早ければその年の内に、遅くとも翌年正月早々には駿府に到着したであろう。こうして、永禄三年（一五六〇）までの前後十二年間、竹千代の八歳から十九歳までの長い期間、駿府で人質としての生活を送ることになる。

駿府に入った竹千代は、まず今川義元の家臣神尾久宗の屋敷に入った（『雲光院伝』）。もちろん、この神尾久宗の屋敷がどこにあったかは明らかでないが、かなり前から竹千代が人質となってくるのがわかっておりながら、今川義元が竹千代のために屋敷を用意していなかったことがわかり、この点から今川氏が竹千代をどのように扱おうとしていたかがわかり興味深い。

やがて人質屋敷ができあがり、竹千代はそこに移り住むことになる。問題なのはその人質屋敷の場所で、江戸時代以来、種々論争があるところである。というのは、各種記録に記載のされ方がまちまちだからである。

『三河物語』では「少将の宮の町」とし、『松平記』では「宮の前」とし、さらに『武徳大成記』や『武徳編年集成』では「宮ヶ崎」となっている。「宮ヶ崎」とあれば、現在静岡市に宮ヶ崎という町名があり、そこだということになり、事実、江戸時代の地誌においても、宮ヶ崎町の報土寺という所に比定しているものもあるのである。

ところが、この「宮の前」あるいは「宮ヶ崎」というのは『三河物語』によって、「少将井社」というお宮の前だということがわかる。つまり、少将井社というのは小梳《おぐし》神社のことで、古い絵図などによると、この神社は江戸時代駿府城の三の丸の一画（元静岡市立青葉小学校の位置）にあり、その門前町だったことが明らかとなり、現在、静岡市の鷹匠二丁目のあたりに竹千代の人質屋敷があったことが推定されるのである。

『武徳編年集成』巻二によれば、竹千代人質屋敷の右隣りに今川義元の臣孕石主水元泰の屋敷があったということであり、左隣りには、やはり竹千代と同じ人質として相模小田原から送りこまれていた北条助五郎（のちの美濃守氏規）がいたのである。このことからみると、「宮の前」とか「宮ヶ崎」とよばれたあたりは今川氏家臣の武家屋敷があったところだということが明らかである。

ところで、人質というと、どうしても「座敷牢」といったイメージをうけ、日々の生活も思うにまかせず、監視つきの暗い毎日だったかのような印象をうける。事実、家康の何となく陰気な性格といわれるようなものが、この人質であった少年時代に形成されたとする読み物がかなり流布しており、少年時代の抑圧された日々がのちの家康の一生を左右したと解されているようである。

果たしてそうなのだろうか。駿府時代の竹千代の生活ぶりを追っていけばいくほど、通説とはかなりかけ離れた、自由な少年、腕白少年といってもいいような生活ぶりが浮かんでくるのである。家康が陰気だとか腹黒いとかいうのは、後の人の解釈であり、またそうした性格が、暗い十二年間もの人質時代に形成されたとするのは、後の人のこじつけであるように私には思える。家康はもっとのびのび育ち、どちらかといえば、すぐ羽目をはずす茶目っ気たっぷりで奔放な少年だったのではなかったろうか。駿府周辺、あるいは『徳川実紀』その他に伝わるいくつかのエピソードがそのことを証明してくれる。

人質時代のエピソードから

戦国大名は革新的な反面、意外と保守的な面ももちあわせている。その一つが正月の年賀の儀礼であろう。封建的身分制支配原理が最も鮮明にあらわれる場でもあった。

今川氏では、毎年正月元旦に駿府の今川館において主君への拝賀の儀が行われるならわしであった。この日、今川領国の隅々から主だった家臣が登城し、主君へ拝謁することになっていた。家柄、戦功などが加味され、座敷にすわる席順が決められており、中には座敷にはすわれず、廊下で謁見などということもあったのである。

天文二十年（一五五一）正月のこと、いつもの通り駿府の今川館において元日の拝賀が行われた時のことである。戦国城館には「御対面の間」などというところがあり、おそらくこの時もそうした場所だったと思われるが、今川氏の重臣が集まり、主君義元のお出ましを待っていた。

そこに竹千代も同席していたわけであるが、人質となってまだ二年目なので、重臣たちは竹千代が誰であるかを知らないで、誰だろうとひそひそと話していた。中には、「あれは松平清康の孫竹千代ではないか」という者もあったが、それを否定する者もあった。そのやりとりを聞くともなしに聞いていた竹千代、つと座をたって縁先に出、皆が見ているのもかまわず立小便をしたのである。並みいる諸将は、義元の館の内であり、いつ義元がお出ましになるかもしれないという時に立小便をした「勇気」に驚き、「これはまさしく清康の孫ならん」とひそひそ話をやめたというものである。この話は『御当家紀年録』に見えるもので、どこまで本当の話であったかどうかは明らかでないが、いかにもありそうなことである。

縁先での立小便の一件は、天文二十年ということなので竹千代十歳の時のことになるが、いつごろからか竹千代は鷹狩りを覚えるようになる。一生を通じて、家康の最大の趣味ともいえる鷹狩りが少年時代、しかも人質時代からはじまっているわけで、人質という境遇が決して自由を奪われたものではなかったことを物語っている。

竹千代が少年時代から鷹狩りを好んでやっていたことは、竹千代の放った鷹が隣りの孕石主水の屋敷に入ってしまい、いつも孕石から「三河の小せがれにはあきれはてた」といやみをいわれていたことからも明らかであるが、もう一つおもしろいエピソードがあるので紹介しておこう。

何年のことか明らかではないが、ある時、駿府郊外慈悲尾《しいのお》にある増善寺に行った時のことである。増善寺は曹洞宗の古刹で、義元の父氏親の菩提寺で、竹千代も時おりその墓まいりに行っていたのかもしれない。今でも増善寺のあるあたりは安倍城址の南麓で、山ふところに囲まれ、木々の緑におおわれ、野鳥などもいろいろといるところである。

竹千代はそこで鳥が多いのを見てとり、鷹狩りをやりたいといい出した。もちろん家臣たちは、寺が殺生禁断の場所であることを説明し、境内での鷹狩りをあきらめさせようと説得にかかったが、それを聞き入れるような竹千代ではなかった。家臣たちがほとほと弱っている時、あらわれたのが、のちに遠州の可睡斎一世になった等膳和尚である。この等膳和尚の一喝によって、駄々をこねていたさしもの竹千代も、しぶしぶ境内での鷹狩りをあきらめたという。

また、はっきりした年はわからないが、安倍川の河原でくりひろげられた石合戦を見物に行って、人数の少ない方の結束力が強いのをみた竹千代が、少勢の方の勝利を予言して周囲をびっくりさせたというのもそのころのことといわれている。

雪斎から学んだもの

竹千代が駿府に今川氏の人質となっていた時期、のちの家康にとって得がたい体験があった。それは少年時代の竹千代が雪斎に師事したことである。

臨済寺

雪斎はさきにもみたように、今川義元の軍師であるが、同時に義元の兄氏輝の菩提寺臨済寺の住持でもあった。しかも注目すべきことは、雪斎が臨済宗妙心寺派の総本山妙心寺の三十五世となっている名僧だったということである。死後宝珠護国禅師と諡号《しごう》されている。

雪斎は禅僧として中国の典籍に通じていたばかりでなく、さきに、天文十八年（一五四九）の安祥城攻めに大将として攻め入っていることからも明らかなように、今川家中きっての部将であり謀将であった。甲斐の武田信玄、相模の北条氏康との間に入り、それぞれ義元との同盟を結ばせ、いわゆる「甲相駿三国同盟」を結んだのは、この雪斎の斡旋によるものだったのである。まさに「黒衣の宰相」であり傑僧とよぶにふさわしい。

雪斎は弘治元年（一五五五）に亡くなっているので、竹千代が雪斎の教えを受けたのはせいぜい九歳から十三歳ぐらいまでの五年間ぐらいだったと思われる。しかし、九歳から十三歳までの五年間というのは、人間形成にとっては特に大事な時期といってよいであろう。漢字やその他一般教養的なものをはじめ、軍学などの手ほどきもうけたであろう。雪斎自身、京都の建仁寺および妙心寺で軍学を収めているふしがあるからである。

なお、現在、静岡市の臨済寺に「竹千代手習の間」と称する一室があり、そこで竹千代が勉強したとされるが、この臨済寺そのものは永禄十一年（一五六八）、武田信玄が駿府を攻めたとき焼き払われているので、竹千代が学んだころの建造物ではなく、江戸時代に復原されたものである。

雪斎の死んだ弘治元年（一五五五）、竹千代は元服して松平次郎三郎元信と名乗るようになった。元信の「元」の字はいうまでもなく今川義元の「元」である。こういうのを偏諱《へんき》といっているが、名乗りの上の字ではなく、下の字の「元」を与えられたことは、元信が義元の家臣としての扱いをうけたことを意味している。

元服の式が行われたのは駿府の今川館で、加冠は今川義元、理髪は関口義広であった。元服したことで、義元も元信を一応一人前として扱うようになり、翌弘治二年（一五五六）に

竹千代手習の間

は初めての文書を出している。しかし、元信が文書を発給できるようになったとはいっても、三河の松平領が今川氏の管轄下にあったことはいうまでもない。それは天文二十三年（一五五四）二月に今川義元が制定した「仮名目録追加」の末尾にある「定」十三ヵ条に、毎月十六日・二十一日・二十六日は三河の公事を沙汰するとしており、三河の行政訴訟裁判権が完全に今川氏に掌握されていたことがうかがわれるのである。

元服した元信は、弘治三年（一五五七）正月十五日、関口義広の娘と結婚した。関口義広は、元信が元服した時、理髪の役を務めている。関口氏というのは今川一族で、瀬名氏貞の二男で、そのころは持舟城（静岡市駿河区用宗）を守っていたという。名の義広は氏広とか親永ともしている場合がある。

さて、この義広の娘であるが、のち、岡崎城に移ったあと、岡崎城内の築山という所に住んでいたので「築山殿」とか「築山御前」とよばれているが、義広の妻が今川義元の妹とされているので、義元にとっては姪にあたる。今や日の出の勢いにある義元の姪と、片や、父を失い、人質となってきている元信である。しかも、築山殿は元信より三つ四つ年上であるといわれているので、元信が十六歳、築山殿が十九か二十歳の結婚ということになる。はじめから元信にとっては抑圧された結婚生活を強いられたものと思われる。

しかし、元服し、結婚したことにより、今川家中においてもようやく認められる存在になったようで、いよいよ初陣を迎える。元信の初陣は永禄元年（一五五八）二月五日のことで、岡崎衆を率いて三河国加茂郡寺部城の鈴木日向守重辰を攻めた時である。それまでも、岡崎衆は何度か義元の先鋒となって城攻めを行ったりしているが、今度は元信が大将になっての城攻めということで、よろこび勇んで戦いに加わったという。もちろん戦いは元信方の大勝利で、義元もその功を賞している。

さて、この初陣が終わってしばらくして、元信は名を元康と改めている。元康と署名された文書の初見はその年の七月十六日付、六所明神に宛てた安堵状で、初陣にのぞんで名を変えたのか、あるいは初陣でめざましい戦功をあげたので、義元が改名を許可したのかのいずれかであろう。おそらく、武名の高かった祖父清康にあやかろうと「康」の一字をつけたものであろう。

岡崎衆らは、元康の戦功を一つの材料に、再び元康の岡崎復帰を願い出たが、義元はそれを許さず、結局、永禄三年（一五六〇）の桶狭間の戦いまで、元信改め元康は駿府に留め置かれたのである。

桶狭間の戦いの時、元康は織田領に深く入りこんだ今川方最前線の拠点である大高城に兵糧を入れる任務を帯び、五月十八日、それをみごとになしとげている。ところが翌十九日、義元が信長の奇襲によって殺され、今川軍は瓦解してしまったのである。その時、大高城を守っていた元康のところに「義元討たる」の報が入ったのは夕方になってからで、他の部将がわれ先にと駿府をめざして敗走する中、元康の軍勢だけは岡崎の大樹寺まで引き、そこに踏みとどまったのである。

そして、今川方の軍勢が岡崎城から撤退するのを見届け、岡崎城に入った。岡崎衆にしてみれば、天文十八年（一五四九）に広忠が殺されて以来、ほぼ十二年ぶりに主君を迎えることができたことになる。

2　三河武士に支えられた家康

三河一向一揆の嵐の中で

元康にとって今川義元の死は確かにチャンスであった。

しかし、元康は初めから今川と手を切る考えはなかったようである。義元の嫡子氏真に弔《とむら》い合戦を勧めていることなどはその徴証となろうが、肝腎の氏真に戦う意思が全くなかったのである。今川方に踏みとどまれば、織田信長との戦いに、常に最前線にさらされることになる。十九歳の元康にとって試練の時期であった。

そうした元康の動揺を見すかすかのように、信長方からの働きかけがあった。それは、元康が三歳の時に生き別れとなっていた生母於大の方の関係からであった。というのは、於大の方は、兄の水野信元が織田方についたことにより、広忠と離縁され、そのためわずか三歳のわが子竹千代とも別れるはめになったわけであるが、その縁で、於大の方の兄信元が信長に元康を味方につけるように進言したという（中村孝也『徳川家康公伝』）。

信長も元康のことは気にかけていたらしく、信元の進言を容《い》れて、元康の家臣石川数正のもとに元康との和睦を申し入れてきたのである。信長との和睦ということはイコール今川との手切れを意味するわけで、ここに一つの大きな問題が生じたのである。

元康の妻築山殿、それに二人との間の長男信康と、生まれたばかりの長女亀姫の二人の子供が駿府にいた。ちょうど妻子を人質にとられている形となり、気軽に「それでは」といって信長と手を結ぶというわけには行かなかったのである。

そのことは元康の家臣たちについても同じであった。家臣といっても重臣であるが、やはり妻子を人質に取られており、簡単には動きのとれない状況であった。

元康が氏真と手を切ったのが正確にいつのことであったかは明らかでない。ただ、元康が氏真の部将板倉重定を攻めたのが永禄四年（一五六一）の三月と推定されるので、その少し前の二月末のことだったと考えられる。そのころまでの元康の動きは、どちらかといえば独自な行動であり、信長としめし合わせてというわけではなかった。信長と元康の同盟が具体化したのは永禄五年（一五六二）からといわれている。

『武徳編年集成』によれば、この年正月十五日、信長と元康が尾張清洲城で会って同盟を結んだという。しかも、『岩淵夜話』、『東遷基業』などによれば、このとき起請文を読みあげ、読み終わってそれを燃やし、灰を神水にといて、二人で飲んだという。これは盟約を結び、起請文をとりかわした時の中世に一般的に見られる起請の作法であり、史料の性格からいうとそのままに信ずるのは危険かもしれないが、いかにもあったことのようである。ちなみに、『武徳編年集成』によると、二人の同盟の仲介役だった水野信元も加わり、三人は、「牛」と書いた字を三つに切って、それを盃に浮かべて飲んだとしている。どちらが本当だったか、今となってはわからない。

戦国時代の同盟というと、どうしても「破られるのがあたり前」といった印象をうけるほどあてにならないものであるが、この時に結ばれた信長・元康同盟は、一度も亀裂を生ずることなく信長の死まで続いている。それだけ信長は元康を信じ、元康も信長を信じ切っていたのである。性格的には全く似ていないにもかかわらず、二人の相性がよかったということになろう。

こうして今川氏と手を切ったとなると、それまでの「元康」という名がわずらわしいものになってきた。前に見たように、義元の「元」の字を押しつけられ、傘下に組みこまれていた時の響が残るからである。そこで永禄六年（一五六三）七月六日、それまでの元康を改め家康と名乗ることになったのである（『家忠日記増補』）。

心機一転、気分も改まり、松平家康となり、いよいよ三河一国の戦国大名としてスタートをきろうとした矢先、その行く手に立ちふさがる難事がまちうけていた。三河一向一揆の蜂起である。

この一向一揆は家康にとっては計算外のことで、うけた打撃も大きかった。一揆蜂起の理由で通説とされているのは、家康の家臣の菅沼定顕（佐崎城主）が、一向宗（浄土真宗）の寺院である上宮寺から糧米を強制徴収したことだったといわれている。もっともこれには異説もあり、碧海郡の野寺というところにある本証寺（やはり一向宗寺院）境内の商人鳥井浄心と、家康家臣との間の紛争が火種になったものともいう。

そうした発端はともかくとして、それまでの今川氏による一向宗寺院優遇策が家康になって転換し、それと、やはり支配（＝収奪）強化に反発した門徒農民が立ち上がったと見るのが正解であろう。こうして永禄六年（一五六三）九月から翌年二月末までの長い闘いがはじまったのである。

この三河一向一揆が家康にとって思いの外苦しい闘いになったのは、家臣の中に一向宗門徒が多数いたからであった。何くわぬ顔で家康の軍議に加わり、翌日は一揆方の先鋒を切るものもいたので、家康の作戦は筒ぬけであった。たとえばこんな例もある。

一向乱のとき正月（永禄七年）三日小豆坂の戦に、大見藤六は前夜まで御前に伺公し、明日の御軍議をききすまして賊徒に馳加はりしかば、君（家康）近臣にむかひて、明日はゆゆしき大事なれ、藤六さだめてこなたの計略を賊徒にもらしつらん。汝等よくよく戦を励むべし。我もし討死せば藤六が首切て我に手向よ。これぞ二世までの忠功なれと仰けり。

というありさまで（『徳川実紀』附録二）、家康自身、討死を覚悟するほどのきびしい戦いであった。事実、このあとの戦いでは、家康自身銃弾を二発もうけるという激戦だったのである。この時は具足が丈夫だったので命びろいをしたという。

このように、家康にとってはまさにのるかそるかの戦いではあったが、ついに鎮定に成功する。そのことが、家康の三河統一に拍車をかける結果になるのだから歴史というものはおもしろい。三河一向一揆を鎮定してわずか四ヵ月たらずのうちに、家康は東三河をも制圧することに成功したのである。

徳川へ改姓の謎

永禄九年（一五六六）も押しつまった十二月二十九日、家康は勅許を得てそれまでの松平をやめ、「徳川」姓に変えることになった（「日光東照宮文書」『御湯殿上日記』）。姓を変えるのに勅許を得るということからして異例であり、また各種史料に「復姓」と出てくることも異例のことである。

家康があえて異例なことをしてまでも、姓を松平から徳川に変えたのには、何か深いわけがあるのだろうか。ふつうにいわれている改姓の手続きというのは、家康が関白近衛前久と親しいという僧慶深という者を通して近衛前久を動かし、前久が間にたち、神祇官吉田兼右が万里小路《までのこうじ》家から系図をさがし出し、それをもっていた懐中の紙にうつし取り、その系図をもとに勅許を得たということになっている。

この経過からも明らかなように、家康は近衛前久・吉田兼右に相当な額の賄賂を贈り、いわば偽系図をでっち上げることに成功したことになる。三河の山奥・松平郷という小さな郷村に根づいていた土豪を、徳川氏につなげるために、万里小路家から系図をさがしたなどという工作が行われたことは明白であろう。問題なのは、なぜ、永禄九年のこの時期に、そうした偽系図を作ったのかということである。

この点でまず考えられることは、松平は源氏・平氏・藤原氏・橘氏のいわゆる源平藤橘のどれにもつながらないということである。その頃までの家康の官途名は蔵人であり、官位はない。三河を制圧し、三河守になりたいと考えても不思議ではないであろう。しかし、三河守は律令制下の官位相当表によると位階は従五位下である。その任官のためには松平ではどうしようもなかったということである。

これまでの通説は、賄賂を使って朝廷の高官を動かし、まず清和源氏につながる新田氏末流の徳川氏ということにし、従五位下・三河守に叙任されるよう運動したというものであった。ところが、このときの改姓は源氏への改姓ではなく、藤原姓徳川氏への改姓だったことが明らかにされている。源姓徳川氏になるのはもっと後のことである。それはともかく、家康は三河守になった。古代律令制の遺制がこうした形で糸を引いているのもおもしろいが、家康としてみれば、三河国の名実かねあわせた支配者になるためには必死の運動であったと考えられる。

ついで永禄十一年(一五六八)十二月、家康は遠江国引佐《いなさ》郡の井伊谷《いいのや》三人衆といわれる菅沼忠久・近藤康用《やすもち》・鈴木重時に本領安堵と加増の誓書を与え、それを道案内として遠州に侵入した。遠江はいうまでもなく今川氏の領国であり、家康が三河のみではなく、遠江にまで領国を拡大しようとしたことを示している。しかも注目すべきことは、ほぼ同時に武田信玄も甲斐から駿河へ攻め入っていることである。信玄と家康との間に何らかの連絡があったことは明らかで、『御年譜微考』などによると、信玄の家臣山県昌景が家康のもとを訪ね、大井川を境として信玄は駿河を、家康は遠江を切り取るようにしたいと申し入れたという。

こうして今川氏は滅亡した。家康の破竹の進撃ぶりをみて、遠江の今川氏の家臣たちは続々と家康に帰属する状態となっていったのである。遠江の大半を手にすると、西三河の岡崎城では城が領国の西にかたよりすぎる結果となり、遠江を完全に確保するためにも城を遠江に移す必要があった。この点、新領土の獲得とともに、その最前線近くに城を移していった信長に学んだものと思われる。その意味で、家康は信長の良い点のみを吸収していったとみてよいように思われる。

遠江に築いた城が浜松城であった。家康は、はじめ古代以来遠江の政治的中心（国府）のあった見附（磐田市）に城を築こうとし、事実、城を作りかけていた。ところが突然それを中止し、当時引間（引馬、曳馬とも）とよばれていた浜松の地に城を築くことになったのである。これは、流通経済の中心としての引間の方が、それまでの政治の中心であった見附よりも発展性のあることを見てとった結果である。家康の先見性をこのあたりから読みとることが可能となる。

家康の身替りとなった影武者

その頃の家康と信玄の関係はかなり複雑であった。というのは、家康と信玄は特に密接な

浜松城

同盟関係だったわけではないからである。人質のやりとりもないし、政略結婚で結ばれていたわけではない。ただ、家康の同盟者信長が信玄と同盟を結んでいたにすぎない。

　ところが、元亀元年（一五七〇）になって事態は一変する。信長が近江の浅井《あざい》長政、越前の朝倉義景と戦うようになり、浅井・朝倉と結ぶ信玄が信長と断交したのである。こうなると危くなったのは家康で、信長についている以上、境を接する信玄の攻撃をもろに受けざるをえない位置と立場に置かれることになってしまったのである。

　いちおう三河・遠江の独立した戦国大名ということで、家康は信長との同盟とは別に越後の上杉謙信とも手を結ぶことになった。これは、信玄を牽制するためにとった策で、遠く離れた者同士が手を結び、間にはさまれた近くの敵を討つ、いわゆる「遠交近攻」策である。家康は元亀元年十月八日、謙信に書を送り、信玄と断つことをはっきりさせている（「上杉家文書」）。

信玄側で家康のそうした行動を逐一キャッチしていたことはいうまでもない。早くも翌元亀二年には伊那口から三河に侵入してきた。しかし、その時は本格的なものではなく、家康との戦いとなったのは元亀三年（一五七二）十二月の三方原《みかたがはら》の戦いである。

この時、信玄の軍勢は二万五〇〇〇、家康の方は信長からの援兵三〇〇〇を入れても一万一〇〇〇にすぎなかったのである。まともにぶつかって勝てる数ではない。しかし、家康はまともに挑んでいった。そして当然のように負けたのである。

では、家康は、負けるとわかっている信玄になぜまともにぶつかっていったのだろうか。この点、ふつうには、若い家康（この時三十一歳）が信玄の巧みな挑発によって、血気にはやってぶつかっていったものといわれている。しかし、家康は猪突盲進型の武将ではない。何か別な要因があったのではなかろうか。この点、最近、家康が信長の圧力、すなわち時間稼ぎのための抵抗に立ち上がらざるをえなかったのではないかとの指摘（染谷光広「武田信玄の西上作戦小考」『日本歴史』三六〇号）もあり、好んで無謀な戦いをしたわけではないということが明らかにされている。

ところで、この時の敗戦ほど、家康が三河武士に支えられた存在であることを深く印象づけるものはない。敗走途中、家康の身替りとなって討死していった家康家臣が何人もいたことは、そのことを物語っている。『徳川実紀』巻二に、

> この軍既に敗れ、殆ど危急に及ばせ給ふ時、夏目次郎左衛門吉信は兼て浜松城を留守せしが、いそぎ手勢引具し御前に馳参じて御帰城を勧め奉る。君(家康)われかゝる負軍し何の面目ありて引返すべきや。且敵わが軍後を競へば兵を返さん事もかたし。たゞ此所にて討死せんと宣《のたま》ひて聞入給はねば、吉信御馬の口取し畔柳助九郎武重にむかひ、我は君に代りて討死すべし。汝は速に御供して帰城せよといつて、自ら廿五騎を打従へ十文字の鎗取て、かしこくも御名をとなへ、追来る敵と渡り合ひ、おもふ様に戦ひて打死す。

とある。つまり、主君家康を無事浜松城に逃がれさせるため、夏目吉信が家康の身替りとなって討死していったことがわかる。

この他、家康の着ていた朱色の鎧が敵に目立つといって自分の鎧と着せ替え、家康を逃がした松井忠次のような例もあり、また、やはり敗走途中、家康の麾(采配)をふるって家康の身替りをつとめた鈴木久三郎という侍もあった。鈴木久三郎は、「汝を討たせてわれ一人落ちのびることは本意でない」といって麾をわたそうとしない家康を見すえ、「さて〳〵愚

三方原古戦場の碑

なる事を宣うものかな」といって強引に麾を奪っていったくらいである。滅私奉公の論理に裏づけられた三河武士の忠誠心によってこの時の家康は命びろいができたのである。

家康自身もその点は十分わきまえており、かなり後のことであるが、秀吉が諸大名と家宝くらべをしているとき、「わが宝は自分のためには水火の中でも命をおしまない五〇〇騎ばかりの侍」といい切るだけの存在であったことが明らかである。

同じく『徳川実紀』附録七に、

> 関白あるとき、君（家康）をはじめ、毛利・宇喜多等の諸大名を会集せし時、わが宝とする所のものは虚堂の墨蹟、粟田口の太刀などはじめ種々かぞへ立て、さて各にも大切に思はるゝ宝は何々ぞととはれしかば、毛利・宇喜多等所持の品々を

申けるに、君ひとり黙しておはしければ、徳川殿には何の宝をか持せらるゝといへば、君それがしはしらせらるゝ如く三河の片田舎に生立ぬれば、何もめづらかなる書画調度を蓄へしことも候はず。さりながら某がためには水火の中に入ても、命をおしまざるもの五百騎ばかりも侍らん。これをこそ家康が身に於て、第一の宝とは存ずるなりと宣へば、関白いさゝか恥らふさまにて、かゝる宝はわれもほしきものなりといはれしとぞ。

とあるのがこれである。「三河武士こそわが宝」といい切れる家康には、やはりそれなりの理由があったのである。

それにしても、家康は三方原の敗戦において、信玄から多くのものを学んでいる。さきに私は、家康が信長の良い点を吸収したと述べたが、軍略の点においては、信玄から学んだものが多かったのではないかと考えている。その後の家康の動きなどからみると、信長と信玄の長所を合わせたものがすなわち家康という一人の人間に具体化されたものとみて大きな間違いはないのではないかと思うのである。

信玄が翌天正元年（一五七三）四月に病死した時、窮地を脱したといって家臣たちは大よろこびしたが、家康のみ浮かぬ顔で、「われ年若き程より彼《（信玄）》がごとくならんとおもひはげむで益を得し事おほし」（『徳川実紀』附録三）といって、よろこぶべきではないと家臣にさとしており、また、はるかのちであるが、五男の信吉に武田の名跡を継がせているのなどは、そのことのあらわれとみてよいであろう。まさに信玄こそ家康の軍法の師であったわけである。

五ヵ国の大名へ

信玄が死んだあとは勝頼が継いだ。家康の当面する敵は勝頼となったわけであるが、その勝頼も父信玄に似て勇将であった。しばらくの間、家康との間に遠江北部・東部、三河北部の支配をめぐる争いがくりひろげられた。こうした状況に終止符をうつことになったのが天正三年（一五七五）五月の長篠・設楽原《したらがはら》の戦いである。この戦いにおいて、家康と信長は長年の宿敵武田氏を討ち、武田氏滅亡の引き金となった。

最終的な決着がみられたのは、いうまでもなく天正十年（一五八二）の田野《たの》における勝頼の自刃、すなわち武田氏の滅亡であるが、家康はその時の論功行賞において駿河一国を与えられている。つまり、武田氏滅亡によって、家康はそれまでの三河・遠江に加え、駿河をも合わせる三ヵ国の大名となったのである。家康にとってみれば、少年時代の自分が人質にとらえられていた頃の「海道一の弓取り」といわれた今川義元と全く同じ領国を領有することになったわけで、それこそ感無量のものがあったであろう。

しかし、そうした感慨にふけっている暇はなかった。その武田滅亡の年、すなわち天正十年六月二日、本能寺において織田信長が明智光秀によって討たれ、信長領となった甲斐と信濃および西上野が混乱状態におちいったのである。本能寺の変勃発の時、家康はたまたま泉州の堺に遊んでいたため、光秀を討つ機会を失していた。そこで甲斐・信濃の鎮撫に乗り出したものと考えられる。つまり、織田家中の混乱をついて、甲斐・信濃を自己の領国にしようと兵を動かしたのである。

ちょうどその頃、相模の北条氏直も甲斐に駒を進めており、家康と氏直の軍が甲斐で衝突している。しかし、この時は、両軍の講和が成り、家康の娘（二女）督姫が氏直に輿入れし、西上野を氏直が領有するという約束が成ったのである。

さて、ちょうどその頃のことであるが、『徳川実紀』附録三におもしろいエピソードが記されている。すなわち、

甲斐の府に入せ給ひし時、信玄このかた大罪のものを烹（煮）殺せしといふ大釜あまたありしを、駿遠三に一つ〳〵引移せと命ぜらる。本多作左衛門重次この事承り例の怒を発し、殿の御心には天魔の入かはりしにや。かの入道（信玄）が暴政をよしと思召。ようなき物をあまたの費用

もて引移させ給ふこそ心得ねとて、をのれ其釜ども悉く打砕き水中に棄てけり。君《（家康）》大に咲《（笑）》はせ給ひ、さてこそ例の鬼作左よと仰られしとぞ。

というもので、これが『武野燭談』巻十所収の「本多作左衛門入煮釜を打砕く事」では駿河の安倍川原の刑場の釜ということになっているが、甲府にあったものか駿府にあったものかは別としても、武田氏時代の刑の施行の仕方をうかがわせている。

なお、私がこのエピソードをここに紹介したのは、そうした釜ゆでの刑があったことを示したかったわけではなく、家康と家臣の君臣関係というものをみたかったからである。よく戦国大名というと専制君主の代表のようにいわれるが、実はそうではなく、有力家臣の連合体であったことが最近の研究によって次第に明らかにされつつある。家康の場合も決して例外ではありえなかったことをこのエピソードは物語っているように考えられるのである。

おそらく、江戸時代であれば、将軍の命令を聞かず、それに反したことをすれば、よくて改易、悪くすれば打首か切腹であったろう。それが近世の主従制原理の核だったからである。ところが家康の生きた時代はそうではなかったのである。家臣たちの中にも、家康を絶対者視する者はなく、家康のすること、考えることでも、悪ければそれを修正させるという考えが一般的であった。事実そのような例は多くみられるのである。さきの三方原の戦いの時、敗走中に家康は何度か斬り死にを口にしているが、その都度、家臣たちに思いとどまらされているし、本能寺の変の時も、三河まで帰れないのではないかとあきらめ、やはり斬り死にを口にしているが、その時も酒井忠次らに思いとどまるようにいわれている。まさしく「家臣あっての家康」という感を強くするのである。極端ないい方をすれば、家康のすぐれた点は、家康自身がすぐれていたわけではなく、すぐれた家臣を何人ももっていた点にあったと私は考えている。

3　根まわしを得意とした家康

織田信長との関係

江戸時代に成立した各種の家康伝記は、よくいわれるように「松平中心史観」によって成っている。つまり神君家康へのおもねりに満ち満ちているといっても過言ではない。そのため、家康の戦歴についても、それら家康伝記をそのままに信用することは危険といわねばならない。

軍将としての家康の実力はどのくらいだったのだろうか。たしかに永禄元年（一五五八）

の初陣以来、家康の戦歴は三方原の手痛い敗戦を除いて、いずれも輝かしいものである。しかし、その個々の戦いといったものを詳細に見ていくと、意外な素顔をのぞかせていることに気がつくのである。

というのは、家康は、自分が勝てると思った相手とは戦うが、不利と思った相手とは自ら進んでは戦っていないという事実がみられるのである。その最たる例が対信長との関係であろう。これは家康の生まれながらに備わった資質といってもよいと思われるが、「強い者へ従う」という保身の術を身につけていたことがうかがわれる。

家康が信長につくか、今川氏真にそのまま従うかの二者択一をせまられた時、家康は信長の将来性と氏真の将来性をはかりにかけ、結論として信長をとったわけであるが、その判断の的確性はその後の動きからも実証される。その意味では家康の人物を見る眼は確かだったといってよい。

なお、家康と同盟を結んだ信長の方にも、家康と同盟を結んでおかねばならない「お家の事情」があった。それは、隣国美濃の斎藤龍興との戦いをひかえ、何とか背後だけでも固めておく必要にせまられていたからである。この頃の戦国大名は、大抵の場合、こうした両面作戦を何とか回避するよう心がけていたわけで、信長の側にも家康と同盟を結びたいという意志が強く働いていたことを見ないわけにはいかない。だからこそ、水野信元を介して家康の側に打診を行い、また、実際に同盟する段になったら、愛娘徳姫（五徳）を家康の長男信康に嫁がせているのである。

こうして信長と家康の同盟は本能寺の変における信長の死まで、一度も破綻することなく存続するわけであるが、向背常ない戦国時代にあって、このように一つの同盟が長期間保たれたという例はあまりみられない。

後北条氏との関係

しかし、いかに家康の人を見る眼が確かだったとはいっても完璧だったわけではない。北条氏政・氏直父子との同盟、織田信雄との同盟は、家康にとって痛恨事だったのではないだろうか。

さきにも述べたように、家康は天正十年（一五八二）の本能寺の変ののち、混乱している甲斐・信濃に兵を進めたが、やはり同じく甲斐に兵を進めてきていた北条氏直と甲斐の若神《わかみ》子《こ》というところで対峙することになった。この時の若神子の対陣は八〇日間もの長きにわたるもので、家康にとっても、北条氏直にとっても、この時期は貴重な時で、それ以上時間を空費することは得策ではなかった。そこで家康得意の根まわしが行われることになった。つまり家康は、簡単に勝てない相手とみた場合、とことんまで戦うということはせず、適当なところで妥協しているのである。この「妥協」こそ、家康のような三河の小さな戦国大名から身を起こしたものが体験的に身につけた保身術だったといってよいであろう。極論すれば、家康は妥協によって天下を取ったのである。

さて、若神子の陣の時、家康は娘の督姫を北条氏直の室にするという政略結婚により北条氏政・氏直父子と同盟し、その結果として甲斐・信濃の二ヵ国を手に入れることに成功した。ところが、この同盟は、その時の家康にとってみれば妥当なものであったが、そののち、かえって桎梏《しっこく》と化していった。その意味では家康の人を見る眼の的確性と相反するものであったといえる。

具体的にみてみよう。家康はそののち秀吉と講和することにより、秀吉が敵対関係にあった北条氏政・氏直父子の間に立って苦労するという事態を迎える。すなわち、秀吉が北条氏政・氏直父子の上洛を促した時、家康は氏政・氏直の上洛のために動かざるをえない羽目におちいったのである。その時の家康の起請文が残されている。読み下しにして掲げる。

敬白　起請文

一其方御父子《（氏政・氏直）》の儀、殿下《（秀吉）》の御前に於て悪様《あしざま》に申しなし、佞人の覚悟を構え、御分国中毛頭
相望まざる事、
一今月中、兄弟衆《（氏政の弟）》を以て、京都へ御礼申し上げらるべき事、
一出仕の儀、納得無きに於ては、家康娘《（督姫）》を返し給わるべき事、
右条々曲折を存じ、違犯せしむれば、梵天帝釈・四大天王、惣じて日本国中六十余州大小の神祇、別して伊豆箱根両所権現・三嶋大明神・八幡大菩薩・天満自在天神・部類眷族の神罰冥罰を蒙《こうむ》るべきものなり、仍って起請文件《くだん》の如し、

天正十六年五月廿一日　家康（花押）

北条《（氏直）》左京大夫殿

北条《（氏政）》相模守殿

これは熊野牛王《ごおう》の裏に書かれた起請文であり（「鰐淵寺文書」）、家康のなみなみならぬ決意が文面からも文書の体裁からもうかがわれる。いわんとしていることは、早く氏政の兄弟を上洛させ、秀吉に謁見すべきこと、さもなければ督姫を返してもらいたいという二点である。督姫の返却とはすなわち、天正十年に結ばれた徳川・後北条同盟の破綻を意味するもので、家康にとってみれば、天正十年の時の安易な妥協が高価なつけとなってわが身にふりか

かってきたことを示している。

豊臣秀吉との関係

本能寺の変とそれに続く山崎の戦いで、信長の後継者として浮上してきたのが羽柴秀吉である。信長の同盟者として、信長なきあとの政権に家康が全く食指を動かさなかったというとうそになる。しかし、少なくとも当初は、清洲会議の結果を聞かされ、信長にとって嫡孫にあたる三法師の後見人としての秀吉の立場を認めていたのであろう。たとえば、天正十一年（一五八三）の賤ケ岳の戦いにあたっては、家康は家臣の石川数正を秀吉のもとに遣わし、その戦勝を賀し、初花の肩衝《かたつき》という茶器を贈っているのである。

しかし、家康が秀吉を危険視しはじめるようになったのは、そののち、織田信孝を自殺に追いやるようになってからである。また、織田信雄《のぶかつ》も秀吉に対しての危機感をもち、ついに信雄と家康が手を結び、秀吉と対決するという動きとなった。すなわち、天正十二年（一五八四）三月からはじまる小牧・長久手の戦いである。

この時、家康は、まだ秀吉に臣従していない四国の長宗我部元親、あるいは紀州の根来《ねごろ》・雑賀《さいか》の僧兵などと結び、秀吉包囲の態勢を作ろうとした。しかし、秀吉軍は十万を数え、それに対する家康・信雄連合軍はわずか一万六、七〇〇〇である。まともに向かって勝てる相手ではないことは明らかで、家康がどこまで本気に秀吉と戦おうとしたかは一考を要するところである。家康にしてみれば、駿河・遠江・三河・甲斐・信濃の五ヵ国を領し、また、なき信長の同盟者であったことを秀吉に印象づけ、その後の自分を高く売りこむための一種の宣伝戦でもあったとみてよいであろう。

ふつう、信雄が単独講和したため、戦う名分を失った家康もやむなく秀吉と講和したといわれているが、そのまま戦いを続けて勝てる相手でないことは家康が一番よく知っていたのではなかったろうか。「松平中心史観」による家康伝記では、家康の立場をよく描き出すために、やむをえず講和したと記しているが、実際は家康が根まわしをして講和にもちこんだのではなかったろうか。

しばらくのちのことになるが、天正十八年（一五九〇）の小田原攻めの折、家康は秀忠を質として秀吉のもとに送った。ところが、秀吉はすぐ秀忠を帰してよこすということがあった。『徳川実紀』附録五は、

> 君（家康）には此度小田原征討の事起りしにより、長丸君（秀忠）を質子の御下心にて上せ給ひしに、秀吉速にかへされしは、やがて出馬あらんときに、我領内の城々をからんとての謀略ならんと

御先見ましく〳〵ければ、本多正信を召て、いづれもその用意せよと仰ありて、三河より東の城々修理加へられ、道橋をも修理加へられたるが、三日ばかりありて京より秀吉みづからの書翰もて、城々から ん事を請れしかば、いづれも機を見給ふ事の速なる、神明不思議なりと感じ奉りしとぞ。

という『東遷基業』をもとにしたエピソードを載せている。あらためて説明を要さないが、家康の勘の鋭さ、人の心を読む術にたけていたことがこの一事によって明らかである。

そのようなこともあって、秀吉も家康の能力を高く評価し、ある時、聚楽第《じゅらくてい》において秀吉主催の申楽興行のあった時、織田常真《じょうしん》（信雄の出家名）が龍田の舞というものをみごとに舞ったのに対し、家康は舟弁慶の義経を演じたが、ふとっており、踊り方もぎこちなかったので、見ている人々は思わずふきだしてしまった。秀吉は、「常真のように家国を失い、能ばかり上手でも何の益があろう。家康は雑技に心を用いないので、弓矢を取ってはその上に出る者がない」といってそれらの人々をいましめたという。秀吉が家康に一目置いていたことがこれによってうかがわれるであろう。

犠牲となった子どもたち

ところで、さきの天正十八年（一五九〇）の小田原攻めの時のエピソードで、家康の子秀忠が人質として秀吉のもとに送られたことを見たが、家康の天下取りにあたって、家康の子どもたちが果たした役割の大きさにも目を向けておく必要があろう。

家康には周知のように十一人の男子と五人の女子があった。長男は信康で、信康の場合は、家康と信長との間の同盟強化にあたり、その犠牲となっていった。さきにも見たように、家康が信長と同盟を結んだ時、信長は家康の長男信康のもとに徳姫を嫁として送りこんできた。典型的な政略結婚で、夫信康も嫁徳姫もわずか九歳という、ままごとみたいな夫婦であった。

ところが天正七年（一五七九）、信康が二十一歳になった時のこと、家康にとって思いがけない事件がもちあがった。というのは、信康の妻徳姫から実家である信長のもとに十二ヵ条の報告書が届けられたのである。今日その十二ヵ条の報告書というものは現存せず、写しという形でも伝わらないので、実際にはどのような内容が盛りこまれていたかは明らかでないが、ふつうにいわれているのは、信康が築山殿と共謀して武田勝頼に内通していることを暴露したものだといわれている。家康は早速酒井忠次を弁解のため信長のもとに派遣したが、

信康廟

結局は弁解ができなかったため、信長は信康・築山殿を殺すよう家康に命じてきたという一件である。

この時期、信康と築山殿が武田勝頼に内通するということが、実際問題としてあったのだろうか。私にはどうもなかったように思えるのである。では、なぜ、このような事件がもちあがったのだろうか。

諸説あるが、一説に、信長の深謀遠慮のなせるわざであるとする考え方がある。信長が、わが子信忠と家康の子信康をくらべた場合、信康の方が数段すぐれており、子の代になった時、今の力関係が逆転してしまうであろうことを恐れ、未然にその禍根を断ったという解釈も成り立つであろう(高柳光寿『青史端紅』)。

一方、それとは全く逆の説もある。平野明夫氏は「徳川家康の正室―築山殿」（小和田哲男編『戦国の女性たち』）の中で、信康が無能で、家康の重臣たちからすでに見放されていたとする解釈をとっている。実際のところどうだったのかよくわからない。

江戸時代成立の家康伝記には、信康は暴虐であり、築山殿は淫奔であったと説かれたりしているが、これは二人を殺した家康を正当化させるための作為であろう。家康にとって、天正七年という時期は、何にもまして信長の力を必要としていた時である。たとえ、信康・築山殿が無実であったとしても（事実、私は二人は無実だったと考えている）、信長の命令である以上、二人を殺さざるをえなかったのである。家康は、長男を犠牲にして徳川家の存続をはかったということができる。

なお、徳姫からの十二ヵ条の報告というものも実際のところはよくわからない。あるいは徳姫の勝ち気な性格と、信康のおっとりした性格があわず、また、今川義元の姪である築山殿と、義元を殺した信長の娘という、女二人の相いれない関係があったものか、とにかく、ことの発端は、些細《ささい》な夫婦の不和、嫁と姑の不和だったものと考えられるのである。それはともかくとして、家康にとってみれば、長男を失ったことは一生の痛恨事であった。

つぎの長女亀姫は、奥平信昌に嫁ぎ天寿を全うしているので、まずまず幸せだったとみら

築山殿の墓

れるが、しかし、奥平信昌に嫁いだ嫁ぎ方はやはり戦国的であり、彼女も家康の政略の犠牲になった一人だったことがうかがわれる。というのは、天正三年（一五七五）の長篠・設楽原の戦いのとき、はじめ長篠城の奥平信昌は武田勝頼方であったが、長篠城を重視した家康は信昌の寝返りを工作し、その褒美として娘亀姫を嫁がせることを約束したのである。

当時、信昌には結婚したばかりの妻がいたが、人質として勝頼のもとにあり、彼女（名をおふうという）は勝頼の手の者によって殺され、いわばそれに代わるものとして、懸賞の賞品みたいに信昌に渡されたのである。

二女が督姫で、さきに見たように、家康が北条氏政・氏直父子と同盟を結んだ時、氏直に嫁入った女性である。督姫の場合、家康が秀吉と氏政・氏直父子の間にたって、氏政の兄弟衆（具体的には韮山城主北条氏規）の上洛を勧めたことがあったが、「もし聞き入れないなら娘を返していただきたい」といっており、事実、家康と氏政・氏直が手切れになった時、督姫は実家に送りかえされているのである。男同士の戦略の都合により翻弄された女性の悲しさがにじみ出ているような女性である。のち池田輝政に再嫁させられている。

二男が秀康である。秀康の場合、天正十二年（一五八四）の小牧・長久手の戦いのあと、家康と秀吉が講和を結んだわけであるが、その時、秀吉の養子として送りこまれている。養子とはいっても、この場合の養子というのは名目的で、実際のところは一般的な人質と何ら変わるものではなかった。その証拠には、のちに関東の名家ということで結城氏を継ぐことになり、結城秀康となっているのである。

三男が秀忠で、さきに見たように、天正十八年（一五九〇）の小田原攻めの時、家康が人質として秀吉のもとに送っているが、すぐに返されている。

それ以後の子供たちは、家康が大勢力になってから成長したこともあって、政略の犠牲に供されるということはなかったが、以上の三男二女からも、家康の発展にとって、いかに子供たちが犠牲になっていたかがうかがわれるであろう。逆ないい方をすれば、こうした子供たちがいなければ、家康の天下取りも成らなかったのではないかと思われるくらいである。よい家臣と子供たちにめぐまれたことが家康勝利の大きな要因であったことをみないわけにはいかない。

4 家康の先見性と大胆さ

秀吉に試される

秀吉と北条氏政・氏直との板ばさみにあった家康は、結局は秀吉との同盟をとり、北条氏政・氏直父子とは手を切ることになった。そして天正十八年（一五九〇）の小田原攻めには家康が先鋒をつとめることになったのである。この時の家康の動員兵力は三万といわれ、先手衆・二ノ手衆・旗本前備・後備などに編成されていた。

家康は二月十日に駿府城を出陣し、二十一日には、秀吉の大軍が通りやすいように富士川に舟橋を架け、二十四日にはいよいよ後北条氏と境を接する長久保に着陣している。いっぽう、秀吉は三月一日に直属軍を率いて京都を出発し、十九日には家康留守中の駿府城に入った。本多重次などは、「徳川の本城である駿府城に秀吉を泊めるなどということは、奥方を貸すようなものだ」といって反対したというが、すでに家康の腹は固まっていたのである。翌二十日、長久保よりもどった家康が駿府城で対面し、小田原城攻めの細かい手はずが相談された。

ところでこの時期、世間では家康と信雄が手を組んで秀吉を殺そうとしているという流言がとんでいたらしく、秀吉も半信半疑だったことを伝えるエピソードがある。秀吉が駿河の浮島原（現在の富士市と沼津市の間）に到着した時、家康と信雄が秀吉を出迎えたが、秀吉は馬より降りるなり太刀の柄に手をかけ、「信雄、家康逆心ありときく、立上られよ一太刀まいらん」と叫んで斬りかかる格好をしたので、信雄はまっかになって何も答えることができないでいたが、家康は秀吉の左右の者に、「殿下の軍始《いくさはじめ》に御太刀に手をかけ給ふことのめでたさよ、いづれもほぎたてまつれ」と声高にいったので、秀吉もそれ以上のことはいわなかったという。これは『徳川実紀』附録五に出てくる話であるが、同書にはもう一つ、話の場面が小田原攻めの陣中のこととして、つぎのような話も収録している。

小田原の陣中に、君（家康）と信雄と秀吉が陣におはして還らせ給ふとき、秀吉十文字の鎗の穂をはづし、御名を呼かけて追かくれば、君右に持せ給ひし御刀を左にもちかへ、立ておはしければ、秀吉大に笑ひ鎗を持かへ、鐏のかたを君にむけたてまつり、これは年比己が秘蔵せし品なれば、今日参らするとてなげ出されしかば、君おもひよらざる賜物とおしいたゞかせ給ひて、持帰り給ひしとぞ。信雄ははじめ秀吉が追かけしさまみてうち驚き、君にもかまはず早々急ぎにげ出ぬ。これよりいよ〳〵秀吉が為に見限られしとぞ。

家康の娘督姫が北条氏直に嫁いでいたということもあり、確かに世間には、家康・信雄が手を結び、さらに後北条氏とも結んで秀吉をはさみ討ちにするという計略があるという噂があったようであるが、家康は秀吉と結ぶ確実性の高い道の方を選択したのである。

なお、家康が秀吉に試された時の大胆なふるまいは、何も小田原攻めの時がはじめてではない。やや時代はさかのぼるが、元亀三年（一五七二）の三方原の戦いの時、敗戦で浜松城が右往左往しているところに逃げ帰った家康は、城中の騒ぎをものともせず、高いびきで寝てしまったという。さらに、そのあと、高木広正という侍が信玄の近臣大隈入道という者の首を討ち取ってきたのを見て、高木広正に向かい、「城中の人こゝろおだやかならざれば、汝はこの首を太刀につらぬき、信玄を討取しといはゞ、汝が勇敢は兀より衆の知所なれば、たれも真と思ひ心おちつくべし」といったので、広正はその通り、「今日敵の大将信玄をば高木広正が討とりたり」と大音をあげて城中を叫びまわったので、侍たちが安心して静かになったという（『徳川実紀』附録二）。

関東への移封

小田原攻めの論功行賞によって、家康は関東へ移封されることになった。ふつう、この時、家康が江戸を居城としたことをもって、家康に先見の明があったことの証拠とする。確かに、家康が江戸に城を築いたことは、今日の一千万都市東京の原基となったわけであるが、江戸選定の経緯を見ていくと、むしろ先見の明があったのは家康ではなく、秀吉であったと考えられるのである。

後北条氏を小田原城に包囲していた時、落城はもはや時間の問題であるという意識が包囲中の大名の中にはあった。そうなると、いきおい部将たちの関心は、後北条氏滅亡後、その遺領がどうなるのかということであった。家康の腹の中には、自己の領国（三河・遠江・駿河・甲斐・信濃）の内、駿河国に接する伊豆国がもらえればと考えていたようである。

事実、小田原城包囲が始まって間もない天正十八年四月二十三日付、家康家臣本多正信の書状に、「豆州の儀は、はやゝゝ殿様《家康》へ遣わされ候間、その御心得あるべく候」と見えるように、すでに伊豆が家康のものになるという感触を得ていたことをうかがわせる。

秀吉から「伊豆は家康に」という意向が何かの時に表明されたのであろうが、その時点では家康も家臣たちも、旧領プラス伊豆という具合に考えていたようである。つまり、居城は駿府城にそのままという認識であった。まさか、出来あがったばかりの駿府城を他人に渡すなどとは考えてもみなかったものと思われる。

ところが、後北条氏が滅亡する段になって、秀吉は家康に後北条氏の旧領関八州への転封を命じたのである。転封であるから、もちろん、それまでの旧領三河・遠江・駿河・甲斐・信濃の五ヵ国は収公ということになる。五ヵ国から八ヵ国へ、単純計算しても三ヵ国の増加であり、数字そのものからいえば、破格の栄転といってよかった。しかし、実際はどうだったのだろうか。関八州といっても、後北条氏が関東八ヵ国を完全に掌握していなかったことは明らかで、たとえば、関八州の中にも、安房には里見氏、上野には佐野氏、常陸には佐竹氏、下野には宇都宮氏・那須氏などがあり、それらをさし引けば、実質上は四ヵ国ぐらいの広さである。

しかも、それまで敵国だったところで、民政も容易ではない。「恩賞とは名ばかり、家康を僻遠の地に追っぱらう算段である」といって家臣たちがいきり立ったのも無理はない。私の考えでは、家康の先見性は、城を江戸に決めたことではなく、この時の転封の申し出を断わらずに、秀吉の意向に従ったことである。

家臣たちの声に押され、そうした秀吉のやり方に不満をもち、転封を拒否していたらどうなったろう。おそらく、織田信雄のように領地没収のうき目にあったであろう。信雄は、やはりこの時の論功行賞で旧領尾張と北伊勢四郡から家康の旧領へ転封を命ぜられたのであるが、「尾張は父祖の地、他所へ動きたくはない」といって転封を拒否したため、所領を没収されてしまったのである。家康にも同じ運命がまちかまえていたといってよい。

つぎに江戸城選定の問題を考えることにしよう。家康の発意なのか秀吉の発意なのかという問題である。さきにも述べたように、一般的には、江戸選定が、家康の先見性の代名詞のようにいわれていることとの関連である。

この点について、『徳川実紀』附録六につぎのような話が載せられているので、まず検討してみよう。

小田原いまだ落城せざる前かた。君（家康）と信雄と共に秀吉が笠掛（懸）山の新営におはしけるとき、秀吉この山の端に城中のよく見ゆる所あり。いざ同じくゆきて見んとて立出給ひ、やゝしばらく城のかたを見わたしながら軍議どもせられしに、秀吉いはく、この城落去せば、城中の家作どもそのまゝ徳川殿に明渡して進らせんに、殿は此所に住せられるべきやいかにと問はる。君の御答に、後日はしらず、さしあたりては此城に住せんより外なしと宣ふ。

秀吉聞れ、それは甚よからず。この所は東国の咽喉にて枢要の地なれば、家臣のうち軍略に達せし者に守らせ、御身はこれより東の方江戸といふ所あり。地図もて撿するにいと形勝の地なり。その所を本城と定められんこそよけれ。やがて当地の事はてば、秀吉奥州まで征伐せんと思ふなり。その折江戸の城に立より。かさねて議し申さんといはれき。かゝれば御転封の事も江戸に御居城の事も、此陣中より既に内々定議ありて、落城の後に至り秀吉より申出せしなり。さて御転封仰出されしはじめには、こたびも北条がときのごとく、小田原に住せ給ふや、又は武家の先蹤《せんしょう》を追て鎌倉に定居あらんかなどとりぐ〱議しける内に、江戸に定まりければ、いづれも驚嘆せしとなり。

この『徳川実紀』の部分は、『天元実紀』・『大業広記』などの家康贔屓の記録や『落穂集』をもとにしているものなので、別に秀吉に肩をもっている史料ではなく、また肩をもつ必要のあるものでもない。にもかかわらず、江戸選定は秀吉の意向としているのである。おそらく、家康は無傷の小田原城をそのまま使用したいと考えていたのであろう。しかし、秀吉の意向を汲んで、江戸に築城することになった。

江戸の地形を考えた時、ただ後背地（ヒンターランド）がたくさんあるだけではなく、入江となっており、水運の便を使いうるという立地条件があったことを見のがすことはできない。こうした「水運の便を考えた立地」は、それまでの家康の頭にはなかったのではなかろうか。やはり三河出身という、東国的な考え方があったものであろう。築城遍歴をみてもその点は明らかで、浜松城にしても駿府城にしても、家康が独自に築いた城には湊がないのである。この点、秀吉の築いた城、たとえば近江長浜城にしても、大坂城にしても、水運の便というものを第一義的に考えており、この点からも江戸城の選定者は秀吉と考えるのが正しいと思われる。

　江戸の選定者は秀吉でも、城を築き、今日の東京の発展の基礎を作ったのは家康であった。というのは、家康の江戸入城以前、太田道灌が城を築き、後北条氏の支城があったものの、城とは名ばかりだったからである。たとえば、石川正西という松平康親の家臣が記した『聞見集』に、「其頃は、江戸は遠山居城にて、いかにも麁想《そそう》、町屋なども茅ぶきの家百ばかりも有かなしの体、城もかたちばかりにて、城の様にもこれなく」と記されているような姿であった。また、城下の様子は、『岩淵夜話別集』に、「東ノ方平地ノ分ハ、爰《ここ》モカシコモ汐入ノ茅原ニテ、町屋・侍屋敷ヲ十町ト割リ付ベキ様モナク、偖又《さてまた》西南ノ方ハ平々ト萱原武蔵野ヘツヅキ、ドコヲシマリト云ベキ様モナシ」と記されている状況であった。千代田・祝田・日比谷など、江戸湾の入江に漁村が点々とし、せいぜい人口二千人ぐらいの集落だったと推定されているのである。

実力を蓄える

江戸入城後の家康にとって幸運だったのは、文禄・慶長の役に、朝鮮渡海をまぬがれたことである。豊臣政権の屋台骨をくずすこの無謀な侵略に家康が直接手をそめなかったことは、のちの徳川政権の樹立に大きな意味をもった。一つは、血ぬられた侵略戦争に直接的には加担をしなかったという一種の潔癖さというものが家康のトレードマークとして評価されたことであり、もう一つは、渡海による兵力・財力の消耗がゼロですんだということである。

もちろん、秀吉の命によって名護屋にまでは出陣しているが、決して渡海しようとはしなかったのである。これについてはおもしろいエピソードがある。

秀吉はできるだけ多くの軍勢を渡海させたかったらしく、家康のもとへ使者を遣わし、渡海のことを進言したことがあった。その時、家康は書院にすわって何も答えなかったが、そばにいた本多正信が、「殿には渡海なされますか」とたずね、返事がないので三度まで正信がたずねると、やおら口を開き、「箱根を誰に守らせるのか」と答えたという（『常山紀談』）。

諸大名が「際限なき軍役」といって苦しんだ朝鮮出兵に、家康が名護屋まで行っただけで渡海せずにすんだのは、文禄の役のはじまる直前まで、奥州に出陣していたからであるが、それにしても、家康としては、その間に自国を固めるチャンスだったのである。

結果論ではあるが、この文禄元年（一五九二）からはじまる文禄・慶長の役に力を使い果たした秀吉と、その間、着々と力を蓄えていた家康との間に、力関係で逆転とまでいかないにしても、家康の相対的地位が浮上したことは明らかであったと思われる。

具体的には江戸城の大規模な普請というものがある。家康自身名護屋の秀吉本営に詰めながら、その一方で秀忠が中心となり、江戸城を大きく堅固にしていたのである。

江戸城修築だけでなく、この間もう一つ注目される動きがある。それは鉱山（主として金山・銀山）の開掘である。旧領五ヵ国の中で、特に甲斐は武田氏以来の金山が知られ、駿河でも梅ヶ島金山・富士金山など今川氏以来のものが知られている。家康は文禄二年（一五九三）、それら旧領に属する黒川衆（甲斐の黒川金山）、安倍衆（駿河の梅ヶ島金山）を呼び、山金等採掘その他に関する三ヵ条の免許を与えている。

新しく家康の領国となった関八州においては伊豆の金山が産出量豊富である。ところで、ふつう伊豆金山とよびならわされているが、伊豆半島全体にまんべんなく金山が分布していたと考えるのは大まちがいで、伊豆の旧田方郡土肥金山、同じく旧田方郡の湯ヶ島金山（ともに現在の伊豆市）、それに賀茂郡河津町縄地金山がその主なもので、土肥金山は天正五年（一五七七）の開掘と伝えられるので後北条氏時代から金の産出があったものと思われるが、湯ヶ島金山の場合は文禄元年ないし二年ごろの開掘といわれ、慶長二年（一五九七）から具体的に産金があったという。縄地金山も湯ヶ島金山と同じころで、家康の施策によって産金量が急増したことがこれらの事実から明らかとなる。

こうした金の採取をバックに、文禄四年（一五九五）から江戸において武蔵墨書小判という小判が鋳造されるようになったのである。この武蔵墨書小判は単に武蔵墨判ともよばれるが、京都大判座の後藤徳乗の弟子後藤庄三郎光次を江戸によんで鋳造させたもので、家康の実力がどのようなものであったかがうかがわれよう。

秀吉後継者への布石

家康が秀吉の後継者として自分を位置づけるようになったのがいつごろからだったのか、実に興味深いテーマであるが、残念ながら現段階では不明というしかない。

しかし、文禄二年（一五九三）、名護屋に在陣中、儒学者の藤原惺窩《せいか》を招いて『貞観政要』

を講じさせているのは、その転機の一つとしてとらえていいのかもしれない。というのは、『貞観政要』は唐の太宗の政治論などを集成したもので、いわば王者の学問だったからである。しかも注目すべきことは、それからやや下った慶長元年（一五九六）のことであるが、山科言経《やましなときつね》から『吾妻鏡』の講義をうけていることが言経の日記『言経卿記』によって明らかになるのである。

家康の愛読書、あるいは座右の書などともいわれる『吾妻鏡』への接近がこのころであったことも、政権への意欲を陰にあらわしたものかもしれない。

家康が山科言経から『吾妻鏡』の講義を受けた年、家康はそれまでの権大納言から内大臣に進んだ。以後「徳川内府」などとよばれるようになるのである。

豊臣政権の五大老・五奉行の制は秀吉の死の直前、すなわち慶長三年（一五九八）に定められたものといわれているが、その少し前、文禄四年（一五九五）の豊臣秀次事件の時、秀吉が秀次の死によっても変わることなく忠節をつくすという血判の誓書をとったときに萌芽ともいうべきものはあらわれている。

すなわち、この時、家康は毛利輝元・小早川隆景と三人連署で秀頼への忠節を誓い、家康・輝元の帰国は交代でするといった内容の五ヵ条の起請文を呈しており（「毛利家文書」）、前田利家、宇喜多秀家もそれぞれ単独で出している他は、他の大名はすべて一枚の紙に連署して出しているのである。ここにおいて、家康・輝元・隆景・利家・秀家の五人が他の大名とは一線を画された存在であったことが明らかとなる。

なお、五奉行の制が定められたのは慶長三年（一五九八）七月十三日のことで、石田三成・長束《なつか》正家・増田《ました》長盛・浅野長吉（長政）・前田玄以の五人であった。ついで七月十五日、秀吉の遺言ともいうべき「太閤様被ㇾ成㆓御煩㆒候内に被ㇾ為㆓仰置㆒候覚」十一ヵ条が示されたが、その第一条は家康宛であった。秀吉も諸大名も、家康を実力ナンバーワンと認めていたことがこれによってわかる。秀吉が息を引きとったのは八月十八日であった。

5　天下人家康の実力

政務を代行

秀吉が死んだ時、後継ぎの秀頼はわずか六歳であったので、五大老が政務を代行することになった。政務代行の手はじめの仕事は秀吉の喪を秘したまま、渡海していた軍の朝鮮からの撤退を命令したことである。この時の命令は家康と前田利家とによって出されており、五大老の中でも家康と利家の二人が他の三人をリードする形になっていたことがうかがわれる。

　この時期の家康は、五大老の一人として、秀吉の依頼をうけて政務の代行者の任務を遂行すると同時に、五大老の合議制を弱体化させる方向にも歩みはじめた。こうした動きが五奉行の実力者石田三成を刺激する結果となり、家康と三成との対立は日ましにその度を増していったのである。

　その頃、家康は得意の根まわしを精力的に行っており、たとえば、家康は六男忠輝と伊達政宗の娘を結婚させたり、甥の松平康成の娘を養女として福島正則の子正之に嫁がせたりしていた。しかし、こうしたことは、大名同士の勝手な婚姻を禁じた秀吉の遺命にそむくものであった。そこで、家康以外の五大老の面々は、家康、伊達政宗、福島正則に対し詰問してきたのである。

　こうした詰問をうけても、家康はとぼけた対応をし、「縁組については、すでに媒妁人から届けてあったと思っていた」といいのがれをし、かえって、「このような詰問は、自分を五大老から追い落とそうとするいいがかりである」と逆襲した。もっとも、その時点では前田利家が健在であり、家康としても、それ以上の動きをとることはできなかったのである。事力の均衡が崩れたのは、慶長四年（一五九九）閏三月三日の利家の死によってである。

件は思わぬところでもちあがった。三成のいわば楯になっていた利家が死んだことにより、三成に不満を持っていたいわゆる武功派の部将が三成暗殺に立ち上がったのである。それら部将は加藤清正・黒田長政・浅野幸長・福島正則・池田輝政・細川忠興・加藤嘉明ら七人で「七将」の名でよばれている。三成は七将の襲撃を避け、家康の屋敷に飛び込んできた。

この時の家康の三成に対する対し方がふるっている。家康は三成を助け、かえって七将から三成を守り、それだけではなく、三成を居城の佐和山城に送り届けているのである。なぜこのような態度をとったのであろうか。このあたり、家康の老獪さが最もはっきりにじみ出ているところで、そうした動きが、「家康狸親父」論の一つの論拠とされるものであるが、三成を殺してしまえば、自分が豊臣家を倒すきっかけがなくなってしまうことを十分承知していたということになる。三成も家康のそうした考えを承知の上で、「今の家康には自分は殺せまい」という意識があったものと思われる。このあたり、家康と三成の両雄のかけひきは注目すべきところである。

しかし、この時の、三成を生かしておいた方が得策という判断は家康本人の考えではなく、本多正信の考えであったことを示す史料がある。『備前老人物語』という本に、

家康公、本多佐渡守を近づけ給いて、

「石田治部少輔はこましゃくれたる者なり。所詮討ち果してしかるべし」

と仰せけるに、佐渡守うけたまわりて、

「たゞ其のまゝ置かせらるべし。あのようなるものゝ仕業にて、天下はおのづから御手に入り候べし」

と申せしとなり。よく未来をかんがえ当てし人なりと申せし。

とあり、三成を生かしておいたことは本多正信の発想だったことを記している。このあたり、重臣に支えられた家康の姿を如実に示すものである。

三成が佐和山城に送られるとすぐ、家康は伏見城の西の丸に入った。この伏見城西の丸入りは、世間の人々を驚かしたらしく、『多聞院日記』の筆者などは、「家康が天下殿になった」と書いているくらいである。その段階で、伏見城の家康と大坂城の秀頼という二つの政治上の核があったわけであるが、その年の八月、家康は大坂におもむき、九月、大坂城の西の丸に入った。

関ヶ原の戦い

慶長五年（一六〇〇）、いよいよ関ヶ原の戦いの年を迎えた。その頃、五大老のうち、家康を除いた四人はいずれも自分の国に帰っていたので（利家のあとは子の利長が大老となっていた）、政治の中心は家康にあった。そのことを象徴的に示すのが、その年正月元旦の年賀であった。

諸将はその日、まず大坂城本丸で秀頼に年頭の挨拶をし、その足で西の丸におもむき、家康にも年頭の挨拶をしたのである。このことは、秀頼を名目上の主君としながらも、家康が天下の実権を握りつつあったことを示すもので、諸大名もそのことを認めていたことを物語っている。

関ヶ原の戦いの発端は、家康と上杉景勝のかけひきであった。つまり、その年の四月一日、家康は伊奈昭綱を上杉景勝のもとに遣わし、上洛を命じた。これは、景勝が越後から会津に国替えになったあと、秀吉が死んだ時上洛しただけで、在国のまま三成と連絡をとっていたことを家康がキャッチしたからである。

五月三日になり、さきに景勝のもとに遣わされていた伊奈昭綱がもどり、景勝および直江兼続の返書を家康にもたらしたが、内容は上洛拒絶の回答であり、家康への非難であった。怒った家康は、ついに会津討伐の命令を諸大名に下した。

しかし、この判断は家康の独断だったらしく、三中老（堀尾吉晴・生駒親正・中村一氏）

と、三成・浅野長政を除いた三人の奉行は連署して、家康に対して会津出征を中止するように要求してきた。もちろん、この要求に応ずるような家康ではなく、三中老・三奉行の申し出は全く無視されてしまったのである。

ついで六月二日、いよいよ大坂城に諸大名が集められ、会津討伐の部署および進路を決める軍議が開かれ、その結果、家康・秀忠の率いる主力は白河口から、佐竹義宣は仙道口から、伊達政宗は伊達・信夫口から、最上義光は米沢口から、前田利長は越後の津川口から、それぞれ会津に攻め入ることになったのである。

家康が会津討伐の軍を起こしたのは、会津討伐そのものに目的があったわけではなく、家康ら諸大名が大坂を留守にした隙をねらって三成が挙兵することをねらったものである。そのため、家康にとって一番気がかりだったのは、伏見城に残した鳥居元忠、松平家忠・内藤家長らのことであった。

六月十八日、家康は伏見を出発し、七月二日には秀忠に迎えられて江戸城に入り、同月二十一日出陣した。その二日前、家康の計算通り、三成の軍勢が鳥居元忠ら千八百余の軍勢が守る伏見城に攻めかかり、城兵は十日あまり防戦して持ちこたえたが、ついに八月一日、攻め落とされてしまったのである。

「三成起つ」の報はすぐ家康に伝えられた。その頃、家康は下野《しもつけ》の小山《おやま》に陣を張っていたが、そこで軍議が開かれ、やはりそこでも巧みな根まわしが功を奏し、「三成討つべし」という結論になり、秀康を景勝の押えとして残し、八月五日には江戸城にもどった。

その間の家康について、おもしろいエピソードが『常山紀談』に見える。

会津征伐の御時、東照公《（家康）》下野小山の途中にて、左右の近習の人々に向はせ給ひ、我麾《ざい》を忘れたり。あれなる小竹林に串になるべき細竹を切れと仰せられしかば、則切って奉るを、たゝう帋《がみ》をとり出させ給ひ、鞍の前輪におしあてゝ切裂きてくゝり付け、二つ三つ打ふり給ひ、景勝などを打破らんには、是にて事足りぬとの給へり。実《まこと》に麾をわすれ給ふにはあらず。上杉家は父より己来武勇の家にて、景勝驍将《ぎょうしょう》なれば、人々あやしむこゝろある故、景勝を侮《あなど》らせ給ふの機を示させ給ひしにや。然る処に、西国中国一同に御敵なりといひふらし、小山より引返させ給ふ時、又彼竹林を過ぎさせ給ふに、上方を攻破るには、此麾も無用の物なりとて棄て給ひけり。前後に大敵あれば、人々愈《いよく》疑ひおそるゝ故に、猶々恐るゝに足らざるのを機を示し給ふなるべし。

つまり、家康の人心収攬策を象徴的な形で示しているエピソードで、諸将が、上杉景勝を相手にびくびくしているのに気がつき、わざと麾（采配）を忘れたふりをして、「上杉ごとき、こんな鼈でたくさんだ」と大胆なところを見せているわけである。人の心をつかんだ者が勝利する。その意味では、家康は大の演出家であったということができよう。

　さて、関ヶ原の戦いは九月十五日、午前八時ごろ戦いの火蓋が切っておとされた。午前中はどちらかというと東軍、すなわち家康方が押され気味であったが、小早川秀秋が寝返り、松尾山を下って西軍、すなわち三成方の大谷吉継隊に攻めかかったため形勢は逆転し、午後三時ごろには東軍の完勝で終わっている。

　よくいわれるように、この関ヶ原の戦いほど家康の根まわしが功を奏した戦いもあまり例がないのではなかろうか。各種記録を総合すると、当初の兵力は、東軍が七万四〇〇〇で、西軍は八万二〇〇〇といわれ、わずかながら西軍の方が優勢であった。しかし、これはあくまで数字上のことで、実際は家康の根まわしにより、内応を約している者、あるいは吉川広家のように、早くから家康と連絡をとりつつ、西軍の主将となった毛利家の安泰のために動いている者もあって、数字通りの兵力差ではなかったのである。つまり、最終的には東軍十万四〇〇〇、西軍三万五〇〇〇という大きな差となってあらわれていた。

　家康は三成・小西行長・安国寺恵瓊《えけい》の三人を捕えて京都の六条河原で処刑し、三条橋にさらしたのである。それればかりではなく、西軍に味方した諸大名への厳しい処罰を行い、西軍の大名八八家がとりつぶされ、領地にして四一六万一〇八四石を没収している。毛利・上杉の二家は取りつぶされこそしなかったが、大幅に所領を削られた。

これらの没収地のほとんどは、旧豊臣系の諸大名に加増として与えられ、さらに大規模な転封を行って、江戸時代の大名配置の原型をなす、譜代・外様の配置がなされたのである。

秀忠をあやつった家康

慶長八年（一六〇三）二月十二日、家康は征夷大将軍に任ぜられ、江戸に幕府を開くことになった。このことは、実質上はともかくとして、表面上は秀頼を主《あるじ》とする天下の家老にすぎなかった家康が、ここにおいて、はじめてその立場を逆転させたことを意味し、家康と秀頼の関係だけに限ってみても、かなり大きな意味をもったのである。

端的にいえば、それまでは家康の方から秀頼のもとに年頭の挨拶などにおもむいていたが、将軍任官を機会に、以後、家康の方から秀頼の方に出むいていくということはなくなったのである。

しかし、家康としては、この時期、秀頼方というか、親豊臣派の諸大名を刺激することは得策ではなかった。加藤清正・福島正則らの秀吉子飼いといわれる諸大名は、石田三成がにくかっただけで、秀頼を見限ったわけではなかったからである。そのため、そうした諸大名たちをも懐柔するための時間が必要だったし、家康が秀頼を疎略に扱っていないことを内外に示す必要があった。それが千姫の輿入れだったのである。

家康が将軍になって三ヵ月ほどたった五月十五日、家康の孫千姫が江戸から伏見に到着した。婚儀が行われたのは七月二十八日で、大坂城でとり行われている。秀頼十一歳、千姫七歳であった。

千姫の秀頼への輿入れは、秀吉臨終の際の秀吉と家康との間でとりかわされた約束を実行したものといわれているが、ともかく、親豊臣派の諸大名もいちおう納得し、家康の将軍任官も、秀頼の政務代行者として、政務を円滑に進めるための手段と考えていたわけで、秀頼側に立つ大名は、家康をあくまで「天下の家老」としてしか位置づけていなかったのである。

ところが、そうした親豊臣派大名たちがショックをうける事態がおこった。慶長十年（一六〇五）四月の将軍交代劇である。この年四月七日、家康は征夷大将軍を秀忠に代えることを朝廷に奏請し、十六日、その許可がおりた。

慶長十年といえば、家康は六十四歳。確かに第一線を退き、隠居するにふさわしい年ではある。しかしこの場合、年齢的なことはむしろ副次的な要素で、主たる要因は、将軍職の世襲にあったことは明らかである。

さきにも述べたように、その頃まで親豊臣派の大名たちは、家康をあくまで「天下の家老」と考え、秀頼成人ののちは、政権をそっくりそのまま秀頼にもどすという考えをもっていた。確固たる考えでなく、それは淡い期待程度のものだったかもしれないが、家康がそのまま政権を一人じめにするとは考えていなかったようである。

ところが、この将軍交代劇は、政権の世襲を天下に示すという重みをもっていた。つまり、将軍職は徳川家が代々継ぐもの、秀頼が成人しても政権を返す意思のないことを具体的に示したものであった。これによって秀頼側はますます追いつめられることになる。

もっとも、この将軍交代劇には別な解釈も成り立つ。それは、信長・秀吉の歩んだのと同じ道、つまり、朝廷の官職を辞し、朝廷との関係において自由な第一人者への歩みに踏み出したとみる見方である（朝尾直弘「幕藩制と天皇」『大系日本国家史』3）。その考え方が妥当であるかどうかは別として、ともかく家康は江戸城を秀忠に譲り、自らは隠居城として駿府城を築くことになった。

ちょうどその頃、江戸城も築城工事が行われている最中で、その上駿府城の工事が重なったのである。それら工事は諸大名の手伝い、すなわち「天下普請」とよばれるもので、外様

駿府城巽櫓と東御門

大名が主として動員されていた。外様大名の財政力を弱くさせる意味も含まれていたことはいうまでもない。

こうして慶長十二年（一六〇七）から死ぬまでの十年間の駿府での生活がはじまるわけであるが、世にこれを「大御所時代」とよんでいる。大御所というのは本来は人をさしたのではなく、鎌倉時代以来、隠居した親王や公卿あるいは将軍などの居所、すなわち隠居所のことをさしていた。それがいつの間にか転じて、そうした隠居所に住む人の尊称とされるようになったのである。つまり、関白が位を退いて太閤とよばれたように、将軍の位を退いた者が大御所とよばれるようになったのである。

幕府は江戸に開かれ、政治の中心が江戸にあったことはいうまでもないが、駿府の家康も大きな力を持っていた。特に外国からの使節などは、秀忠を皇帝とみるか、家康を皇帝とみるかでかなり迷ったようで、一種の二頭政治の観があった。江戸の人口が十五万の時、駿府の人口が十万とも十二万ともいわれているのは、駿府が繁栄していた証拠としてよく例にあげられることがらである。「駿府政権」などとよばれることもある。重要な決定は家康が行い、秀忠はそれにあやつられるという形であった。

そのことは「駿府政権」すなわち大御所政治を推進した人々を見ることによっても明らかとなる。駿府の家康側近にあって大御所政治を推進した人材はきわめて豊富で、しかも多彩だった。主な人名をリスト・アップするとつぎのようになる。

政治　本多正純・成瀬正成・竹腰正信
財政　松平正綱・後藤光次
農村行政　伊奈忠次・大久保長安・彦坂元成
文教　林羅山
寺社　金地院崇伝・南光坊天海
貿易　茶屋四郎次郎・角倉了以

ところで、大御所時代の家康というと、どうしてもワンマンぶりを連想してしまうが、若

家康手植えのミカン

い頃と同じ様に、やはり側近たちに支えられていたことがつぎに紹介するエピソードで明らかである。家康は駿府城を築いたが、慶長十二年（一六〇七）十二月二十二日、完成間近の城が、天守もろとも焼失してしまうという事件があった。その時のことと思われるが『徳川実紀』附録十九に『兵用拾話』を引いて、

駿府にて度々火災有し時、とかく人々心怠り火をいましめざるより、かく度々の災あれば、此後あやまちても火を出したる者は、切腹せしむべしと触渡さんと、本多佐渡守正信へ仰らる。正信 畏《かしこま》りて退出し、翌朝まう登り御前へ出て、何とも申上る詞もなし。その時正信をめして、昨日仰付られし事はよく触渡したるやと問せ給ふ時、正信其事にて候。某昨日退出し、よく

〱思案をめぐらし候に、もし火をあやまつものは、必ず切腹せしむべきよし命ぜられんに、此後井伊兵部《（直孝）》などが宅より失火候はんに、切腹命ぜらるべからず。かるき御家人ども火を出す時は切腹させ、兵部等はゆるされんとありては、法度たち申まじく候へば、かやうの事は下に令すべきにあらず、昨日既に心付候へども、帰宅して思案致し候へば、まづ〲此事は諫めとゞめ進らせんと決し候ゆへ、夜の明るを待かね唯今罷出候と申ければ、いかにも汝が申所こそ道理なれと仰ありて、こと更御感浅からざりしとなん。

と述べている。つまり、「火を出した者は切腹にする」という命令を出そうとした家康が、本多正信の意見を聞いてそれを撤回した様子が描き出されており、意外な家康の素顔をうかがうことができるのである。

「熟し柿」最後の執念

将軍職の世襲というレールを敷くことに成功した家康のつぎの課題は、秀頼をどう扱うかであった。当然のことであるが、家康が年をとれば、秀頼も年をとる。しかも、家康は老境にますます踏みこんでいくのに対し、秀頼は次第にたくましい青年大名に成長していったのである。そのころ、

御所柿はひとり熟して落にけり
　木の下に居て拾ふ秀頼

という落書があった（『古人物語』）。御所柿はすなわち家康のことで、家康が年をとり自然に落ちる、つまり死ぬことをいい、「木の下」と豊臣のもとの姓木下をかけ、家康なきあと政権が秀頼のもとに帰すことをいったものである。

これを見つけた家康の近臣は、こうした落書を禁止しようとしたが、家康は「学ぶべき点もある」といって禁止しなかったという。慶長十六年（一六一一）三月二十八日、家康は秀頼を二条城に迎えて会見したが、その時、最初の杯を家康がほし、それを秀頼に与えたという。すでに、家康と秀頼の力関係が歴然としたものになっていたことを物語るが、家康としてみれば、久しぶりに会った秀頼が成長していたことに驚き、かつわが身とあわせ考えた時、焦りにも似た感じをもったとしても不思議でない。

その焦りが方広寺鐘銘事件をもたらしたと私は考えている。「自分が元気のうちに秀頼をなきものしておかねば」と考えれば考えるほど、そのきっかけが必要であった。家康の強引さ、後世「狸親父」とよばれる大きな要因でもあった。

慶長十九年（一六一四）七月二十六日、家康は秀頼方に、方広寺の鐘銘に不吉な文字のあることを理由に、方広寺大仏の開眼供養を延期するよう申し送った（『武徳編年集成』）。鐘銘に不吉な文字があるというのは、「国家安康」と「君臣豊楽」の八文字のことをさしている。「国家安康」では、家康の名を「安」という字で真二つに切っていることで、これは家康を呪おうというもの、「君臣豊楽」は、豊臣氏の繁栄のみを祈ったとするものである。

秀頼側に、家康を呪おうというような意思が全くなかったかといえば、それはどうかわからないが、これが家康側のいいがかりであったことはいうまでもない。

この時、秀頼方から家康のもとに弁解のための使者として派遣されたのが片桐且元であった。且元は、家康との謁見も許されず、本多正純および金地院崇伝から、鐘銘の件と大坂城に牢人が招集されている件についての詰問をうけ、さらに、秀頼の江戸参勤か、淀殿を人質として江戸に差し出すか、秀頼が大坂を去り、どこかに国替えするか、どれかを選べという難題をつきつけられたのである。

このどれも、秀頼方としてはうけ入れがたいものであった。家康としては、うけ入れられてしまってては終わりなので、わざとうけ入れがたい難題をふっかけたわけである。

家康の目論見通り、ついに大坂方蜂起ということになり、その年十月十一日、家康は手勢を率いて駿府を出発し、二十三日に京都に到着し二条城に入った。いっぽう、秀忠も江戸城を出発し、十一月十日に伏見城に到着した。総勢二十万といわれる大軍であった。

両軍の戦闘が始まったのは十一月十九日で、これが大坂冬の陣である。戦いは家康方圧倒的優位に進み、ついに十二月十九日、講和を結ぶことになった。その条件は、よく知られているように、本丸のみを残し、二の丸・三の丸を壊し、大坂城を裸城にすることであった。

翌年三月、家康は秀頼方に対し、秀頼の大和か伊勢への転封、あるいは、今抱えている牢人を放逐すべしという、二者択一をせまった。秀頼方から、転封は勘弁願いたいという返事が返ってきたが、その後も牢人を放逐する動きは見られなかった。

そこで家康は、再度大坂攻めを敢行することになった。家康が二条城を発したのは五月五日であるが、すでにその前々日の三日、大坂方の大野治房の軍と、家康方の浅野長晟《ながあきら》の軍が戦っている。

六日は河内の片山・道明寺・八尾・若江などで戦いがくりひろげられ、七日から大坂城の総攻撃がかけられた。そして八日、大坂城は落ち、秀頼・淀殿の自刃によって幕を閉じたのである。これを大坂夏の陣といった。

なお、この大坂夏の陣の時、家康は具足をつけないで出陣したという。藤堂高虎が「なぜ具足をお着けにならないのか」と聞くと、家康は、「秀頼のような若年ものを成敗するのに具足は不用」と答えたとのことである。ところが、そのあと家康は、近臣の松平正綱に、「高虎は上方者なので、心の底を見せまいとあのように答えたが、本当は下腹がふくれ、具足を着ると馬の乗り降りが大変だからなのだ」とこっそりいったというのである（『駿河土産』）。人を見て、本音と建て前をものの見ごとに使いわけているが、家康はその面において天才的な人であったことがうかがわれるのである。

　こうして、秀頼を倒し、天下を完全に収めた家康は、大坂夏の陣の翌年、すなわち元和二年（一六一六）四月十七日、七十五年の波瀾の生涯を駿府城で閉じたのである。しかも死ぬ直前まで、徳川家の将来を考えるすさまじい気魄であった。『明良洪範』に、

> 元和二年御他界の日、御宿の御腰の物にて生胴《いきどう》をためし、其儘《そのまま》血をも拭はずして御枕元に差置れ、神霊を之に止められ永く国家を守らせ玉はんとの御事也。

とあり、『徳川実紀』ではこれを死の二日前のことにしているが、血のしたたる刀で子孫を鎮護しようという家康の執念がにじみ出るようなエピソードである。

6　家康の人間性をさぐる

記憶力の良さと執念深さ

以上、家康の誕生から歿するまでの略伝をたどりながら、その素顔をさぐってきたが、以下、家康の人間性についてメスを入れることにしよう。

まず、記憶力のよさと執念深さは表裏の関係にあるが、家康の記憶力は抜群だったらしく、いくつかの話が伝えられているが、その一つをまず示そう。慶長五年（一六〇〇）の関ヶ原の戦いの時のことであるが、『徳川実紀』附録十に、

> 十四日の晩がた黒田長政より、家臣毛屋主水もて言上の旨あり。御前へめし出し御物語あり。敵は何ばかりあらむと問せ給ふ。主水御陣の縁のはしによりながら、某が見し所にては二三万もあらむかとおもはるゝと申す。そはおもひの外の小勢かな。外々の者は十万もあらむといふに、汝一人かく見つもりしはいかにとあれば、仰のごとく総勢は十万余もあらむなれども、実に敵を持し者はわづか二三万にすぎじといふ。こは金吾、毛利の人々かねて御味方に参らむといふを内々伝へ聞てかく申せしゆへ、君（家康）にも思召当らせ給へば殊に

御けしきにて、御前にありし饅頭の折を主水に賜う。主水戴き御縁に腰をかけながら、饅頭を悉くくひつくしてまかりいでしなり。跡にて御側のものに、かれが本氏を尋置べきにと宣へば、毛屋主水と申す。いやとよ彼が毛屋を氏とせしは、越前の地名にてその本氏にあらず。毛屋にて軍功ありしゆへ、地名をもて氏とせしなりと仰せらる。末々の陪臣までの事をいかにして御心にとゞめられしとて、御強記の程を感じ奉れり。

とあり、家康が黒田長政の家臣である毛屋主水という侍が、越前の毛屋という所で戦功をあげ、そのため名を毛屋としたということを覚えていたことを物語っている。直臣のことならば当然としても、陪臣であるこのような侍のことまで記憶していたことは、やはり記憶力がすぐれていたことを示すものであろう。

しかし、記憶力が良いということは、それだけ執念深いということでもあった。よく知られている例であるが、子供のころ、鷹狩りの鷹が、人質屋敷の隣りにあった孕石主水元泰の屋敷に入った時、いつも孕石主水が、「三河の小せがれにはほとほとあきはてたわ」といっていたのを覚えており、天正九年（一五八一）、遠江の高天神城を攻めた折、城中にいた孕石主水が捕えられて家康のもとにつれてこられた時、家康は孕石主水に向かい、「我をあきはてたりと申たる者なれば、いとまとらするぞ」といって切腹を命じているのである。

また、嫡子信康が信長の命によって切腹させられたことに関連し、その時、家康から信長のもとに弁解のために遣わした酒井忠次がまともに弁解してこなかったことを根にもち、後年、忠次が子の家次の加増を願い出た時、「お前でも子はかわいいか」といったという話が伝えられているが、これなども家康の執念深さを物語るものであろう。

この点についてもう一例指摘しておこう。『徳川実紀』附録七に載っている話であるが、いつのことか明らかでないが、つぎのような話がある。

> いつの年にか有けん。豊臣殿下の前にて、東照宮をはじめ諸大名列席せし時、殿下の宣ふは、われむかしより今迄弓箭の道に於て、一度も不覚を取しことなしと広言いはれしに、たれか殿下の御威光に服せざるもの候べき。いづれも上意の通と感称してあり。其時、君《(家康)》ひとり御けしきかはり、殿下の仰なりとも事にこそよれ、武道に於ては某を御前にさし置れて、かゝる御言葉承るべくも候はず。小牧の事は忘れさせ給ふかとて立あがりて宣へば、一座の者みな手に汗を握り、すはや事こそ起れとあやぶみしに、関白何ともいはず座を立て内に入れぬ。

これなどは、執念深さというよりは、自信家家康の面目躍如といったところであるが、家康の一つの信条であったことは事実だったのではなかろうか。

なお、家康が猜疑心が強かったことについては、於義丸、すなわち秀康をなかなか認知しようとしなかったという一事ですべてをおしはかることができよう。

きびしさとやさしさ

家康がきびしい人であったことは、かなりの具体例によって明らかである。特に戦国武将である以上、軍令にきびしかったのは当然であるが、たとえば、武田勝頼との戦いにおいて、大須賀康高の甥で弥吉という武士が、軍令違犯をおかしながらも、勝頼の旗本に打ち入って高名をあげたことがあった。軍令違犯でも高名をあげた場合、違犯が帳消しにされることもあったが、家康はそれを許さず、弥吉は本多忠勝のもとに逃げこんで許しを請うたが、家康は切腹を命じている（『柏崎物語』）。

また、『駿河土産』の伝えるエピソードであるが、駿府城にある不明門《あかずのもん》は、日暮に閉じることになっていた。ある時、家康の家臣村越茂助が使いに出てもどったところ、門はしまっていた。茂助は家康に早く使いに行った返事を報告しようと門をたたき、「御使はてて只いま帰れり、御門を明られよ」といったが、門番は「期限おくれたれば明ることかなはず」といって開けようとしない。たまたまそこを通りかかった家康の側近の一人安藤直次も一緒になって、「開けてやれ」といったが、門番は「方々は重き御役をもつとめられながら、さることいひてよきものか、この御門はかねて日暮の後は人を通すまじとの御定なれば誰にも通すはかなはず」といって終に開けなかったという。後日、これを聞いた家康は、この時の門番に褒美を与えたとのことである。家康は自分にもきびしく、また他人にもきびしさを求めていたのである。

駿府城がでてきたので、駿府城における家康のきびしさを示す例をもう一つ紹介しよう。慶長十二年（一六〇七）十二月二十二日の駿府城が焼失した時のことである。城内からの失火ということで火のまわりも早く、特に大奥は上を下への大騒ぎとなり、その混乱の中で、逃げまどう人に踏み殺される女中も出る始末であった。その時、大奥にかけ入り、女中たちを誘導して助けた武士があった。奥女中たちの命を助けたということで、現在であれば表彰ものであるが、家康は、「男子禁制の大奥に足を踏み入れるとはもってのほかのふるまい」といって罪科に処してしまっている。けじめだけははっきりつけていたことの結果である。

しかし、これだけきびしい家康も、晩年近くに生まれた三人の子、すなわち五郎太丸（義直）、長福丸（頼宣）、鶴千代（頼房）の三人に対しては、そうしたきびしさがみられず、好々爺ぶりを発揮している。

人物を見ぬく力

前にも述べたが、私は家康本人がすぐれていたというよりは、すぐれた家臣をもっていたと考えている。もっとも、そうしたすぐれた家臣を選びぬく力が家康にあったことは、家康本人がすぐれていたことになるわけであるが、ここではその点に焦点をあてて見ることにしよう。

『徳川実紀』附録十八に、

或ときの仰に、家人を遣ふに、人の心をつかふと、能をつかふと二の心得あり。資情篤実にして主を大切におもひ、同僚と交りてもいさゝか我意なく、すべてまめになだらかにて、そがうへにも智能あらば是は第一等の良臣なり。殊更に恩眷を加へ、下位にあらば不次に抽んで挙て国政をも沙汰せしめんに、いさゝか危き事あるべからず。又心術はさまでたしかならぬ者も、何事で一かどすぐれて用立べき所あるものは、これも又捨ずして登用すべきなり。この二品を見わけて、棄才なからしめん事肝要なりと仰られき。

とあり、さらに、

又人の善意を察するに、やゝもすれば己が好みにひかれ、わがよしと思ふ方をよしと見るものなり。人には其長所のあれば、己が心を捨て、たゞ人の長所をとれと仰られし事もあり。

とある、これらは、家康の近臣たちが、日頃家康のしゃべった事を覚えていて、それを語録風にまとめたものであるが、家康の人遣いの妙がにじみ出てくるような感じである。

なお、やはり『徳川実紀』附録十二に収録されている話で、『岩淵夜話』からとったものであるが、家康の人材登用の考え方の基本を示すものがあるので、やや長文にわたるが引用しておこう。

何役にや欠員ありし時、土井大炊頭《おおいのかみ》利勝をめして、何がしは人物性行いかにと御尋あり。利勝承り、その者は常に臣が方に出入せざれば、人物の善悪聞え上難しと申す。君(家康)聞し召し御けしき損じ、なべて諸旗本の善悪を知らぬといはゞわが非理なれ。いまとふ所の者はさのみ人にしられまじき程の身分の者にてもなし。さるをしらずといふてすむ事か。汝等は家人の善悪を常に見定めて、わが用ひん時にいひ聞かするが主役なれば、いづれにもしらずといふ事を得ず。汝をかゝる心がけの浅露なる者と知らで、年若ながらも用にも立むと思ひて老職に登庸せしは、かへす〴〵もわが過誤なれ。よく〳〵かうがへて見よ。惣じて武辺の心懸ふかく志操あるものは、上役に追従せぬものぞ。されば重役の許に出入せざる者のうちに、かへりて真の人物はあるなれ。そが中にて人材を撰ぶこそ忠節の第一なれ。いま雑庫のうちに名高き刀剣埋れてありときかば、たれもほり出し、われにしめしよろこばせんと思ふべし。刀剣は何ばかりの名作といへども治国の用にたたず。我常にいふ所の宝の中の宝といふは、人材にしくはなしといふ語を空耳にきくゆへ、かゝる卒爾《そつじ》の対をもすれ。汝等が方へ朝夕立入りして相知れるものばかり出身するならば、諸人の心立次第にあしく、みな阿諛諂佞《あゆてんねい》の風になりはてん。おほよそ国家の體は人の一身の如し、人身の元気衰ればかならず死するごとく、大名の家にても、人々耻を知り義を守るは一藩の元気なり。諸人の義気うすくなり、鼻はまがりても息さへ出ばとおもふ様になりゆき、主の恩をかしこしともおもはず、ただ眼前をよくとりかざり、互に観望するをもて巧智とし、人心次第に澆漓《ぎょうり》して家法の頽敗するにいたりては、遂に亡滅の基を引出すなり。汝が只今の失言はさしゆるすといへども、この後はきとつゝしみて、いさゝか粗忽のことなく、わが命をよく〳〵遵守せよと誡め給ひしとなり。

ずいぶん長い引用になってしまったが、私はこの文章が家康の人材観を最も端的にいいあらわしていると思われるので、煩をいとわず引用しておいた。一読して明らかなように、土井利勝に対する教誡の辞である。特に、常々家康が、「宝の中の宝といふは、人材にしくはなし」といっていたということは、さきにもふれたが、秀吉の前で、「皆のように自慢できる宝物はないが、自分のために命をなげ出してくれる家臣が宝」といい切ったのと同じで、こうした信条が家康にあったことはほぼ事実とみてよいのではなかろうか。

また、文中、「惣じて武辺の心懸ふかく志操あるものは、上役に追従せぬものぞ。されば重役の許に出入せざる者のうちに、かへりて真の人物はあるなれ」とある部分などは、今日的意味をもつ言葉であるようにも思われる。

「忍」の一生だったか

最近、家康の遺訓とされてきた「人の一生は重荷を負て遠き道を行くがごとし……」ではじまる一文が、後世の創作によるものであることが確定し、家康の一生についても、新たな眼で見直すべき段階に至ったことが指摘されはじめている。

よく、信長・秀吉・家康の三人による天下統一の道すじを評し、「革新的」というが、信長・秀吉はそうであるとしても、家康は果たして「革新的」と評価してよいものであろうか。私は、家康は意外と「保守的」だったのではないかと考えている。

『武野燭談』巻二に、家康の言葉としてつぎのような一文が収録されている。

古へよりの政道を非に見る輩は、臣下は勿論、一門たりと雖も、邪を含むと知るべし。譬《たと》へば、尊氏以来数代の将軍執行《とりおこな》はれし政道を、細川・山名等が悖《もと》り破りし故に、足利将軍は名ばかりにはなりぬ。されば諸国一体に戦国となりて、君臣の義を失ふ。三好左京大夫が父の政道を破り、公方義輝を弑《しい》しぬれば、松永弾正も亦己が威を立てゝ、主人三好を弑《しい》す。武田信玄は父信虎の家法を改めて、五十余ヶ条の新法を立てたるは、大望之《こ》れある故なり。先祖の行跡を非に見て家を失ひしは、足利家の内には、義持、父の政道を奢と見て、万事を改むる心から威勢次第に衰へたり。さる程に後代に至りては、公方将軍家の名はあれども、実無きが如く、諸国には覇将多く、京都終に哀微したり。武田勝頼、斎藤義龍など、品こそ変れ、先祖を非に見て家を破り身を失へり。

とあり、『徳川実紀』附録二十一は、「およそ大小とも祖父の旧法を変乱する者は、かならず災禍あるもの也」とまとめている。

こうした観念は、戦国期、たとえば後北条氏の一族で玉縄城主だった北条氏繁が「顚趾利出否」という印文を印判に用いていたのとは大きなへだたりがある。「顚趾利出否」は、「趾をさかしまにして否を出すに利す」と読み、中国で、ものを煮たきする鼎《かなえ》の足をさかさまにする、つまり引っくりかえすことにより、中の古いものの腐ったものを出すことができるという考え、すなわち、下剋上の考え方を示しているのである。

それに対し、家康は、祖先の旧法を変乱するなといっているわけで、祖法遵守をモットーにしていたことがこれでもわかるであろう。つまり、家康は、妥協に妥協を重ね、わが身を保ったのである。

さて、では家康の一生は果たして「忍」の一生だったのかという問題を考えることにしよう。

冒頭の部分で述べたように、今川氏の人質時代の暗くつらい経験が、家康の一生に影を落としたというのが通説とされている。しかし、私は、家康の人質時代は、いわれているほど暗くつらいものではなかったことをいくつかのエピソードから明らかにしたが、家康は考えられているほど陰気な人間ではなく、秀吉ほどではないにしても、かなり陽気な部類だったのではないかとみてよいと思われる。

確かに、秀吉が死んでから秀頼を倒すまでの期間、「耐えに耐えた」という感を深くするが、そうした考え方自体、家康が天下を取るという前提を考えに入れているからではないだろうか。「忍」の一生とみるよりは、妥協に妥協を重ねた一生であったとみる方が自然ではないかと考えられるのである。

最後に、家康の人間性としてもう一つ指摘しておきたいことがある。それは、家康が、俗っぽいいい方をすれば、大の「はったり屋」だったことである。この点は、前に述べた「本音と建て前」の使いわけとともに、家康の人心収攬術の一つの特徴といってよいが、そのことが他人にいやみとして感じさせないのは、家康の人柄というべきかもしれない。

＊『歴史と人物』一九八二年一二月号　中央公論社

膨張し続けた徳川軍団と四天王の実像

1　三河一国領有時点―国衆と松平一族を結集し軍団を編成

三河全土に吹き荒れた一向一揆の嵐をなんとか鎮めた家康。彼はその余勢を駆って、今川氏の勢力を三河から放逐するのだった。こうして統一に成功した家康は、軍団の編成を改め領国支配を固めていく。

三河一向一揆を鎮圧し次いで今川氏勢力を一掃

永禄三年（一五六〇）五月十九日の尾張桶狭間の戦いにおける今川義元の死によって、それまで、今川氏の〝保護国〟ないし〝植民地〟の扱いをうけていた松平領は独立を回復した。

しかし、単独で松平領を維持していくことは不可能で、結局、家康は母於大の方の兄である水野信元の斡旋をうけいれ、尾張の織田信長と同盟を結び、義元のあとをついだ今川氏真とは手を切ることになったのである。

独立した家康の前にまずたちはだかったのは三河一向一揆であった。一向一揆の蜂起は永禄六年（一五六三）九月のことである。この一揆は、単に一向宗（浄土真宗）門徒による一揆ではなく、西三河における反家康勢力が総結集する形であった。家康にとっては、まさに第一の関門であり、試練のときだったのである。

しかも、このとき、家臣の中からも一揆側に与《くみ》する者が多数出ており、家康は苦しい戦いを強いられ、自身、銃弾二発をうけるほどの危険な目にもあっている。

しかし、翌七年二月、家康はようやく、この三河一向一揆を鎮圧することに成功した。この鎮圧によって、西三河は完全に家康によって制圧され、その余勢を駆って東三河に進出しているのである。「間髪をおかず」という表現があるが、このときの家康の行動はまさにそれである。

早くも同年の五月には二連木《にれんぎ》城の戸田重貞が家康に通じ、牛久保城の牧野成貞《しげさだ》も今川を離れ家康に寝返ってきた。

そして、ついに六月二十日、家康は、酒井忠次に吉田城攻めを命じている。吉田城はこのころ今川方の東三河最大の拠点だった。城主大原資良《おおはらすけよし》（小原鎮実）は、城を守ることができず退却し、酒井忠次が入城した。ついで、本多広孝も田原城を落とすことに成功し、ここに、東三河からも今川氏勢力は一掃されることになった。こうして、家康は三河の統一に成功したのである。

旗頭のもとに松平一族と国衆を付属させた軍団編制

では、三河統一時点における松平軍の軍団編制ならびに領国の実態はどのようになっていたのだろうか。ちなみに、松平から徳川への改姓は、この三河一国領有時代、具体的には、永禄九年（一五六六）十二月のことであった。

家康は、吉田城攻めの功労者である酒井忠次をそのまま吉田城に入れ、東三河を管轄させることにした。ふつう、「東三河の旗頭」とか、「東三河の家老」というよび方をしている。

そして、その下に、東三河に散在する松平一族や国衆《くにしゅう》が付属させられていた。具体的には、松平一族では、桜井松平忠正・二連木松平康長・福釜《ふつかま》松平親次・深溝《ふこうず》松平伊忠・竹谷《たけのや》松平清宗・御油《ごゆ》松平景忠・形原松平家忠らがおり、国衆では、作手《つくで》城の奥平貞能《さだよし》、牛久保城の牧野康成、野田城の菅沼定盈《さだみつ》らがいた。

いっぽう、西三河の方は、家康本人の居城である岡崎城に石川家成を置き、彼を「西三河の旗頭」ないし「西三河の家老」とした。

つまり、三河を東西に分け、それぞれに旗頭、すなわち家老を置いて、管轄させたのである。

この石川家成の父清兼は、家康誕生のときに蟇目《ひきめ》の役をつとめており、さきの酒井忠次と同様、松平家譜代筆頭の家柄であった。なお、のち、家成は、永禄十二年（一五六九）、家康の所領が遠江にまで拡大したとき、遠江支配の要衝である掛川城に移ったので、「西三河の旗頭」の地位は、家成の甥石川数正に代わっている。その結果、酒井忠次・石川数正の二頭体制ができ上がったのである。

西三河もさきの東三河と同じで、石川家成（のち数正）の下に、松平一族、たとえば、大給《おぎゅう》松平真乗・藤井松平信一・能見《のみ》松平忠就らや、国衆である西尾城の酒井重忠、東条城の松平康親らが付属させられていた。

そして、三河統一時点における松平軍団を特徴づけるもう一つが「旗本先手役《さきてやく》」であった。これは、家康のまわりを固める旗本組で、「旗本先手役」には、本多忠勝・榊原康政・大久保忠世・鳥居元忠・柴田康忠・植村家存《いえさだ》といった錚々《そうそう》たるメンバーが入っていた。家康のあらゆる合戦に先陣をつとめるような武功派の代表的な武将たちである。

この「旗本先手役」と、さきの、酒井忠次をトップとする東三河の軍団、石川家成（のち数正）をトップとする西三河の軍団、この三つで「三備《みつぞなえ》」といった。これが、三河統一時点における松平軍団の中核となっていたのである。

そのほか、家康直属の「岡崎近習衆」とよばれる集団もあった。小栗又六・渡辺八郎・近藤伝次郎・渥美友元・渡辺守綱・蜂屋半之丞らがそのメンバーである。

三河三奉行の人事が示す家康らしいバランス感覚

「三備」とこの「岡崎近習衆」は、いずれも軍事部門であり、軍事優先の体制だったことになる。しかし、三河一国とはいえ、軍事体制だけで領国を経営することはできず、民政部門にもそれなりの人間を配置しなければならない。

この点で注目されるのは、三河統一時点で、家康が「三河三奉行」を設置した点である。「三河三奉行」は「岡崎三奉行」とよばれることもあるが、主として民政部門を担当させる役職を、すでに永禄八年（一五六五）三月にスタートさせている。

「三河三奉行」に抜擢されたのは、高力《こうりき》与左衛門尉清長・本多作左衛門重次・天野三郎兵衛康景の三人である。本多重次のように剛直で「旗本先手役」に入れてもおかしくない人物を民政担当にまわしているあたり、家康苦心の人事をよみとることができる。

この三人は、当時、「仏高力、鬼作左、どちへんなしの天野三兵」とうたわれたという。要するに、仏のように慈悲深い高力清長と、それとは対照的な鬼のように気性の荒い本多重次、そして、仏でも鬼でもどちらでもない中庸の天野康景という、三者三様の個性をうまく組み合わせているのである。もっとも、「どちへんなし」を、「何方偏なし」とし、どちらにも贔屓《ひいき》しない、公正さが信条の天野康景とのとらえ方もあり、この意味については解釈が分かれている。

しかし、いずれにせよ、民政担当をかたよった考えや行動をする人物だけで固めずに、バランスをとった配置をしているあたり、三河統一時点から早くも家康らしさというものが出ていたことは、まちがいないところであろう。

さて、三河一国の所領であるが、太閤検地のデータでいえば二九万石であり、家康の時代はそれより何割かは少ないので、二〇万石ぐらいと推定される。

家臣団の数は、兵農未分離の土豪すなわち地侍、さらにそれらにつき従う被官を入れても、せいぜい四〇〇〇人ぐらいだったのではないかと思われる。

2　五ヵ国領有時点―旧武田領を手中に収め三万の大軍を擁す

三河に加え隣国の遠江を領有、さらなる領土拡大を企て意気あがる家康の前に甲斐の武田氏が大きく立ち塞がった。が、家康は織田信長との同盟を生かしてこの難敵を撃破し、また僥倖をつかんで遂に五ヵ国の太守となる。

家康は旧今川氏家臣を徳川家臣団に組み込んだ

三河一国の統一に成功し、その支配も順調に進みはじめたところで、家康はつぎのターゲットに遠江を選んだ。三河と地続きであることが最大の要因であるが、駿河・遠江二ヵ国を支配する今川氏真の力が衰えはじめたことが背景にあった。

同じころ、今川氏の衰えを同じように感じとっていた武将がいた。甲斐の武田信玄である。信玄と家康は、「今川氏を滅ぼしてしまおう」という点で一致した。そして、永禄十一年（一五六八）二月、「駿河を信玄が攻め取り、遠江を家康が攻め取る」という、「駿遠分割領有の密約」を結び、同年十二月、信玄は甲斐・駿河の国境を越えて駿河に、家康は三河・遠江の国境を越えて遠江にそれぞれ同時に侵攻したのである。

家康はそれ以前から遠江の今川氏真家臣たちに対し、勧降工作を進めており、ひそかに家康方に寝返る部将も出はじめていた。氏真はその現象を「遠州忩劇《そうげき》」などと表現しているが、永禄十一年十二月は、その最後のとどめが刺された形であった。

家康軍の侵攻によって、堀江城の大沢氏、頭陀寺《ずだじ》城の松下氏、犬居城の天野氏、匂坂《さぎさか》城の匂坂氏、久野城の久野氏、高天神城の小笠原氏など、今川氏真の家臣だった遠江の部将のほとんどは一戦を交えることなく家康に降った。わずかに、掛川城の朝比奈泰朝が、駿府今川館から逃げてきた氏真を迎えて抵抗したくらいであった。

その掛川城も翌十二年五月に開城し、ここに戦国大名今川氏は滅亡したのである。家康は、三河・遠江の二ヵ国の大名となった。そして、同時に、遠江在住のもと今川氏の家臣だった者を新たに家臣団に組み込んでいったので、家臣の数は倍増する形となった。

「犬のように忠節……」と喧伝された家康家臣団

三河・遠江二ヵ国時代の家臣の数はおよそ八〇〇〇と推定される。それは、元亀三年（一五七二）十二月の三方原の戦いのとき、家康の最大動員兵力が八〇〇〇といわれるからである。

三河・遠江二ヵ国の大名になったとき、家康は、それまでの西三河の岡崎城では居城が西すぎるということで、新しく遠江の浜松城を築き、そこに本拠を移している。三方原の戦いというのは、武田信玄が二万五〇〇〇の大軍で浜松城の家康を、城の少し北にある三方原の台地上におびき出し、そこでくりひろげられた戦いである。

この戦いで家康軍は信玄軍に完敗し、家康自身、ほうほうの態で浜松城に逃げもどったわけであるが、このときの家康家臣団の滅私奉公ぶりが、いわゆる「犬のように忠節な三河武士」として喧伝され、のちの家康家臣団の精神的なバック・ボーンになっていったのである。

このとき、浜松城へ家康をもどそうと、そのための時間かせぎをするために、何人もの家臣が家康の身替わりとなって戦場に踏みとどまり討死していったのである。後年、家康自身が、「わが宝は、自分の身替わりになってくれる家臣が五百ほどいることだ」と述懐しているように、「家臣こそわが宝」という考えは、こうした実体験に裏うちされて生まれてきたものである。

なお、のちに、「徳川四天王」の一人に数えられる井伊直政が抜擢されたのは、この三方原の戦いの少しあと、天正三年（一五七五）のことであった。

井伊直政は三河譜代ではなく、新参譜代ということになる。出身地は遠江の井伊谷《いいのや》（旧引佐町井伊谷）で、今川氏の時代、今川氏の重臣として井伊谷城を中心に国人領主制を展開していた有力部将だった名門の出である。

しかし、直政の父直親が、家康に通じたということで殺されてしまい、直政は各地を転々としていたのである。そして、ようやく十五歳になったとき、家康に召し出されたのであった。若いながら軍功抜群で、またたく間に本多忠勝・榊原康政とならんで重く用いられ、忠勝・康政と同じく「旗本先手役」に加えられているのである。

この体制がしばらく続いたが、天正十年（一五八二）に大きな変化がおこる。一つはその年三月の武田氏滅亡によるもの、そしてもう一つは同じ年六月の本能寺の変による信長の突然の死であった。

石川数正の出奔により武田流の軍制を採用する

武田氏滅亡による大変化は、家康の領国が駿河にまでのび、三河・遠江・駿河の三ヵ国の大名になったことである。当然、家康は駿河にいた武田氏の旧臣を家臣として組み込んでいる。武田氏が入ってくる前は今川氏の家臣だった者が多く、遠江の武士団とそう大きな摩擦があったわけではない。

もっとも、全体の流れからすると、そのわずか三ヵ月後の本能寺の変による信長の死の方が、与えた影響の点では大きなものがあったといえる。というのは、武田氏滅亡後、武田氏の領国だった甲斐・信濃が信長の家臣たちに分け与えられていたからである。

信長の家臣たちは、滅びた武田氏の遺臣を家臣に取り込んでいなかった。そのため、「信長が殺された」という情報が伝わるや、甲斐・信濃において、武田遺臣の一揆などが蜂起しはじめたのである。甲斐を与えられていた河尻秀隆がその一揆に殺されたのなどはその好例といってよい。信濃も大混乱で、信長家臣はせっかくの新領土を放棄して逃げてしまったのである。

いわば、「無主の国」になった甲斐・信濃に進んできたのが家康であった。家康は、同じように進んできた北条氏直と戦ったりしたが、のちにはうまく講和を結んで、甲斐・信濃の平定に成功するのである。これに、信長から先にもらっていた駿河支配にも成功していたわけで、これとあわせ、三河・遠江・駿河・甲斐・信濃の五ヵ国を領することになったのである。石高にすると約二〇〇万石なので、これは、豊臣秀吉につぐ力をもったことを意味した。

ただ、このようにみてくると、何ごともなく順調に進んだとの印象をうけるが、実は、家康にとって大変なできごとがもう一つあった。天正十三年（一五八五）十一月の石川数正出奔事件である。酒井忠次と並ぶ家老の石川数正が、こともあろうに、豊臣秀吉方に寝返ってしまったのである。

それまでの軍事機密はすべて秀吉に筒抜けになってしまった。しかし、そのときの家康の決断はみごとなものであった。それまでの三河以来の軍制をあっさり捨て、武田流を採用しているのである。たとえば、井伊直政隊は赤備えとして知られるが、これは、山県昌景《やまがたまさかげ》隊の赤備えをそのまま継承したものであった。ちなみに、五ヵ国領有時点の最大動員兵力はおよそ三万であった。

3　関東入部時点─家臣団を再編成しそれまでの土着性を払拭

後北条氏を滅亡させた小田原攻めに参加していた家康は、その後の論功行賞で関八州への転封を命じられる。秀吉の左遷とも受け取れるこの措置に進んで応じた家康の胸中にはどんな目算があったか。

家康にとって意外だった国替えを命じる論功行賞

五ヵ国時代の家康は、はじめの内は秀吉とは一定の距離をおいていた。むしろ、関東の北条氏政・氏直父子と懇意にしており、家康の娘の督姫《とくひめ》が氏直に嫁いでいたので、同盟関係にあった。

ところが、次第に秀吉の力が強大になり、家康としても秀吉の天下統一事業に協力せざるをえない立場に追いこまれ、ついには、北条氏政・氏直父子との断交にまで至った。当然ながら、督姫は離縁されて家康のもとにもどされている。

動きが具体化したのは、天正十七年（一五八九）十一月二十四日である。この日、秀吉は氏政・氏直父子に対し、宣戦布告状を送りつけている。いよいよ、小田原攻めのはじまりである。

先鋒を命じられたのは家康で、五ヵ国から総動員で三万の兵を率いて出陣していった。家康にしてみれば、秀吉にその忠誠度を試されているようなものである。

小田原城の包囲がはじまったのは翌十八年四月からで、小田原城は、城と町をすっぽり包みこむ大外郭の堀と土塁を築いていて、容易には落とせなかった。秀吉側は総勢で二一万とも二二万ともいわれる大軍であったが、力攻めは大変な状況だった。

結局、秀吉軍は、小田原城の支城を次つぎに落とし、小田原城だけを孤立させる作戦で、とうとう、黒田如水らの説得をうけいれて、氏直が開城に同意し、およそ一〇〇日間の攻城戦は終わり、氏直が高野山にのぼって、ここに北条早雲以来、五代一〇〇年にわたって関東に覇を唱えた後北条氏も滅亡した。

諸将に対する論功行賞の発表があったのはその年の七月十三日のことであった。このとき、家康に後北条氏の遺領すべて与えられることが示された。もちろん、旧領の三河・遠江・駿河・甲斐・信濃の五ヵ国は収公《しゅうこう》である。つまり、国替えであった。

この措置は、家康にとっては意外だったらしい。というのは、家康は家康で、「今度の戦いではほとんど手柄がない。それまでの五ヵ国を安堵され、それに伊豆一国が与えられるのではないか」と考えていたからである。伊豆一国の加増をもくろんでいたところに、「関八州へ移れ」というのだから、「これは、栄転ではなく、左遷である」と息まく家臣がいたというのも無理からぬことである。

秀吉としてみれば、煙たい存在の家康をできるだけ遠くへやってしまいたいという思いがあったことはまちがいない。しかも、その直前まで、北条氏政・氏直父子は秀吉・家康に敵対し、そして滅ぼされたわけで、遺臣たちは家康によい感情はもっていない。つまり、うまく支配できるか失敗するか、確率は五分五分といったところも、秀吉のねらいだったのではないかと思われる。

関東入部にともなって家臣団の知行割を発表

それだけではなかった。ふつう、関八州とよびならわしているので、武蔵・相模・安房・上総・下総・常陸・上野・下野のすべてを後北条氏が領有していたとの錯覚をもつが、実際は、関八州に含まれていない伊豆は完全に支配し、あと完全に支配しえていたのは本拠小田原城のある相模とそれに武蔵・上総・下総ぐらいで、その他の国々には、たとえば常陸には佐竹氏、安房には里見氏、下野には宇都宮氏や那須氏などがおり、完全支配にはほど遠い状況だったのである。

このときの石高総計がおよそ二四〇万石といわれているので、さきの五ヵ国時代の二〇〇万石にくらべ、わずか四〇万石の増という結果であった。

しかし、家臣たちの不満を尻目に、家康は進んで転封に応じた。それは、関東の地が家康の目には無限の可能性を秘めた大地のように映ったからと思われる。事実、この後、家康は武蔵野台地の新田開発に積極的に取りくみ、またたく間に穀倉地帯に仕立て上げていくことに成功する。

小田原から駿府に一度ももどることなく、そのまま江戸城に入った家康は、その年の八月十五日、家臣たちに対する知行割を発表した。石高の点でトップにランクされたのは何と井伊直政だった。

いわゆる「徳川四天王」の中で一番年少の井伊直政、しかも三河譜代でなく、新参譜代の井伊直政が、上野箕輪《みのわ》城十二万石を与えられた。ついで、上総大多喜《おおたき》城を与えられた本多忠勝と、上野館林を与えられた榊原康政が全く同じで十万石である。

「徳川四天王」のトップ酒井忠次は、一年前に老齢のために隠居しており、嫡男の家次は下総臼井で三万石を与えられたにすぎなかった。

これでみると、家康は石高を世襲のものと考えていなかったことがわかる。

なお、このとき、ここでみた四人を含め、一万石以上の大名級は四〇余名にのぼっていた。この四〇余名が、関東入部時点における家康家臣団の中核であった。

戦いよりも領国をいかに安定的に支配するか

この関東移封は、たしかに、それまで安定した支配地から追い出されて、全くの未知の土地をゼロから支配しなければならないという点で、家康にとってはマイナスであった。しかし、そのマイナス要因をプラスに転化していったところに、家康のすごさがみうけられるのである。

プラスに転化したことの一つとして指摘できる点は、この転封を契機に、家康が、それまで三河譜代がもっていた土着性を払拭したことである。

家康家臣団の再編成がここにおいてなされたことをみないわけにはいかない。

そしてもう一つ、関東入部時点から頭角をあらわしてきた吏僚派の存在も見落とすことができない。すでに五ヵ国領有時点においても、「地方巧者《じかたこうしゃ》」などといわれた伊奈忠次・天野景能（康景）・小栗吉忠・原田種雄・阿部正次・神谷重勝といった民政面で辣腕をふるったブレーンがいたが、関東入部時点になると、その顔ぶれも若干の変化がみられ、大久保長《なが》安《やす》・彦坂元正・長谷川長綱・本多正信・本多正純・土井利勝・加藤正次・安藤重信・青山忠成・内藤正成らの活躍がみられる。

ここにみえる顔ぶれは、「旗本先手役」などのいわゆる武功派とは明らかに異質である。家康にとって、この時期になると、戦いそのものよりも、領国をいかに安定的に支配していくかが大きな関心事になっていたことを物語っているといってよい。

本多正信などは、永禄六〜七年の三河一向一揆のときは、一揆側の参謀格として、家康に敵対し、一時期、出奔していたくらいである。しかも、大久保忠世のとりなしで帰参がかなっても、これといった軍功をあげることがなかった。

ふつうの大名家では、この正信のような部将は一生下積みだったろう。しかし、家康は正信の武功以外の能力を見出したのである。

4 関ヶ原合戦終了時点――六八名もの一門・譜代大名を誕生させる

「天下分け目の」関ヶ原合戦が終わると、家康は六三二万石余という膨大な石高を再配分する権利を得た。そして、直轄領をふやし、一門・譜代を大量に大名に取り立てる策を打ち出す。幕藩体制の根幹を固めたのだ。

西軍に属した大名を改易・減封して得た領地

関ヶ原の戦いといえば、いつも、枕詞のように「天下分け目の」という言葉がつく。実際の戦いでは、東軍徳川家康方があっさり勝った形になっていることで、「本当に天下分け目などというほど緊迫した状態だったのだろうか」といった疑問が出されることもある。

この点についてみると、東軍七万四〇〇〇、それに対し、西軍は八万二〇〇〇といわれ、軍勢の数としては西軍の方が多かったことは事実である。

また、仮に、毛利・吉川、そして小早川の軍勢が、当初の手はず通り、西軍として活躍していれば、勝敗はどうころんだかわからず、いわれている通り、「天下分け目の関ヶ原」であったことはまちがいない。事実、西軍に属した大名はかなりの数を数えたのである。

結果的には、このことが、家康に有利な状況をもたらした。というのは、西軍に属した大名が多かった分、それだけ、改易《かいえき》・減封《げんぽう》がたくさんでき、家康が、手にした収入分が多かったからである。

具体的にみると、西軍に属したため、改易されてしまった大名は八八家にもおよび、その所領の合計は四一六万一〇八四石に達し、さらに、減封処分にあったものが五家あった。

その中には、毛利輝元のように、一二〇万五〇〇〇石から三六万九〇〇〇石に減らされたケース、上杉景勝のように一二〇万石から三〇万石に減らされたケースがあり、減封処分にあった五家だけで二一六万三一一〇石におよんでいた。つまり、合わせて九三家、六三二万四一九四石という膨大な石高が生み出されたのである。

家康は、東軍の総大将として、関ヶ原の戦いというたった一度の戦いで、六三二万石余の石高を再配分する権利を手にしたことになる。ただ、西軍に属した大名を取りつぶしたり、力をそいだだけでなく、再配分の主導権を家康が握ったということの意味は大きなものがあったのである。

絶対的権力を確立するためあえて打ち出した策とは

では、再配分にあたって、家康はどのような考えというか、基本姿勢をもっていたのだろうか。

まず第一は、家康自身が、自分の直轄領をふやしている点である。さきにもみたように、関東入部時点での家康の所領はおよそ二四〇万石であった。これは、豊臣大名の中では秀吉についで大きな力ということになるが、毛利輝元と上杉景勝とを足せばほぼ同じになる。つまり、絶対的な力の差ではなく、あくまで相対的なものにすぎなかった。

家康は、関ヶ原の戦いに勝ったのを契機に、絶対的な力をもつ必要を考え、約四〇〇万石にふやしている。しかも、あとでふれるように、一門や譜代の大名を大幅にふやし、これは四〇〇万石とは別であった。あくまで直轄領四〇〇万石は、天領・旗本領であった。

これだけの石高をもてば、かなりの数の旗本を養うことができ、軍事力の面からも他大名を圧倒する絶対的な力が確保されることになったのである。

そして、基本方針の二つ目は、徳川一門・譜代の大量の大名取立てである。それまで、一万石以上の所領をもちながらも、豊臣政権下においては「公称大名」の資格がなく、家康の「付庸《ふよう》大名」として扱われていた四〇名の一門および上層の譜代が、独立の大名となった。

それだけでもすごいことであるが、実はそれだけではなかった。家康は、それまで一万石以下だった譜代家臣に加増をして、一万石以上に底上げし、新たに大名にした。これが二〇名におよんでいる。

さらに、新しく帰属したり、新規取立てによって八名の譜代大名も生まれている。

このようにして、家康は、関ヶ原の戦いからわずか二年の間に、六八名もの一門・譜代大名を誕生させたのである。

なお、これら、第一の点、第二の点ともかかわるが、もう一つ、三つ目の基本方針があった。それは、外様大名、すなわち、豊臣大名で東軍に属した大名たちを、思いきって江戸から遠くへ飛ばしている点である。もっとも、ただ飛ばしただけだと、それら大名たちから不満が出てくることが予想されるわけであるが、家康は、そのあたりも巧みに計算にいれ、加増をしてやりながら、遠くへ転封させているのである。心にくいまでの〝配慮〟といわざるをえない。

「大名の鉢植え化」で幕藩体制の基礎を固める

外様を外様だけで固めないように注意も払っている。外様同士が手を握ることを警戒し、同じ外様でも、仲の悪い大名を近くに置いたり、外様と外様の間に、小藩であっても譜代大名を割り込ませたりしているのである。

もっとも、近畿・西南の外様大名に対する押さえは、家康としても最も遅れたところで、関ヶ原合戦時点では、近江の佐和山（のち彦根）に井伊直政を一八万石で置き、丹波篠山《ささやま》に松平康秀を五万石で、山城伏見に久松定勝を七万石で置くのが精いっぱいのところであった。中国・四国・九州に積極的に譜代大名を押し込んでいけるようになったのは、大坂の陣を経てからである。

なお、関ヶ原の戦後処理で注目されるのは、こうした転封を大規模に行うことによって、「大名の鉢植え化」が急速に進められたことである。「大名の鉢植え化」は、何も家康の独創ではなく、すでに秀吉の時代にも行われていたわけであるが、秀吉の場合には、越後の上杉景勝を会津に移したり、東海の家康を関東に移したりしているものの、決まった方針に沿ってというものではなかった。

その点、家康の「大名の鉢植え化」は、「武士は移すが、農民はその地に残しておく」といった考えで貫かれていた。つまり、「武士は大名に属するものであるが、農民は土地に属するものである」という、幕藩体制の根幹にかかわるところを前面に打ち出していた。

徳川幕府が長期安定政権として存続したのは、この「大名の鉢植え化」に象徴的な幕藩体制のシステムが完成したためだったといってもいいすぎではないと思われる。

そうなると、関ヶ原の戦いの勝利によって家康が得た六三二万石余を、自由に再配分できる権利を手にしたことの意味は、きわめて大きかったといえるわけである。

なお、「徳川四天王」の家に関してみると、さきにみたように、井伊直政は上野高崎（はじめ箕輪）一二万石から近江佐和山一八万石へ六万石の加増、酒井忠次の子家次は下総臼井で三万石のまま、本多忠勝は上総大多喜から伊勢桑名に移ったが石高は一〇万石のまま、榊原康政は上野館林で一〇万石のままであった。時代は、すでに「徳川四天王」の時代から次世代に移りつつあったことを物語っている。

井伊軍団――「赤備え」に身を包み戦場を疾駆する

甲斐・信濃を接収した家康は武田遺臣を積極的に登用した

井伊氏は、もともと遠江の国人領主で、今川氏の強大化によってその傘下に組み込まれていった。したがって、国人領主段階の家臣団も存在していたのである。

ところが、戦国時代、井伊直親のとき、徳川家康への内通を疑われて直親が殺されてしまったため、一度、そこで家臣団は解体している。

のち、直親の遺児直政が家康によって取り立てられ、井伊谷周辺に土着していたかつて家臣だった何人かが家臣団に復帰した。しかし、その数は微々たるものであった。

井伊軍団という形で一つの軍団ができるようになった契機は、天正十年（一五八二）の武田氏滅亡と、それに引き続く本能寺の変後の混乱であった。

このとき、家康は甲斐・信濃に兵を送り込んで接収に成功し、同時に、武田遺臣を積極的に登用しており、そのかなりの部分を直政に付属させている。

『寛政重修諸家譜』の井伊氏系譜の直政の項に、天正十年のこととして、「武田家の臣一条右衛門大夫信龍・山県三郎兵衛昌景・土屋惣蔵昌恒・原隼人正昌勝四隊の従士七十四人、関東の処士四十三人都《すべ》て百十七人を属せられ、その兵器みな赤色を用ふべきむね釣命をかうぶり、かつ駿河国安倍郡鷹峰にをいて加恩の地をたまひ、四万石を領し、一隊の将となり、兵部少輔と称す」と記されている。つまり、武田氏の旧臣のうち、重臣だった一条信龍・山県昌景・土屋昌恒・原昌勝隊の従士たちが直政に付属されたことがわかる。

同時に、山県隊の赤備えが、そのまま井伊軍団の赤備えになったのである。

戦場に姿をあらわした赤備え　小牧・長久手の戦いで大活躍

井伊氏に関しては、幸いなことに、近世彦根藩の藩士の由緒を集めた膨大な「侍中由緒帳」という史料があり、武田遺臣のほか、「関東の処士」という後北条氏の遺臣、さらに、三浦氏に代表される今川氏遺臣が直政に抱えられていった様子をうかがうことができる。

また、さきの『寛政重修諸家譜』によると、同じ天正十年のこととして、「近侍の士木俣清左衛門守勝・西郷藤左衛門正友・椋原次右衛門政直三人を御前にめされ、直政若年たるにより、輔翼すべきむね上意ありて、附属せられ……」とあり、家康の近侍の中から三人が選ばれたことがわかる。「侍中由緒帳」によれば、この三人は家老であった。

そのあと、井伊の赤備えが実際に戦場に姿をあらわすのは天正十一年（一五八三）一月の信濃高遠口への出陣で、翌十二年の小牧・長久手の戦いで大活躍をする。

『四戦紀聞』によると、小牧・長久手の戦いのときの井伊軍団を二〇〇〇とするが、のち慶長五年（一六〇〇）の関ヶ原のときが三〇〇〇といわれているので、もう少し少なかったかもしれない。

本多軍団―徳川の斬り込み隊長に率いられた歴戦の部隊

先手としてすべての戦いで大活躍する

本多忠勝の家の本多氏は、祖先にあたる本多助時および助豊のころに松平氏に仕えたという。そのころの松平氏は長親の代で、したがって本多氏は安城《あんじょう》譜代といわれるグループである。

忠勝の祖父にあたる忠豊、さらに父忠高も戦いにおいて討死しており、まさに、〝武功の家〟といってよい。

忠勝の初陣は、永禄三年（一五六〇）の桶狭間の戦いのときである。このとき、忠勝はまだ十三歳であったが、家康の大高城兵糧入れに従っている。その後、めきめきと頭角をあらわし、すでに、永禄末年の段階では「三備《みつぞなえ》」のうち、旗本組の主力をなす「旗本先手役《さきてやく》」として、家康直属軍の一手の将となり、家康の遠江・駿河進出過程におけるほとんどすべての戦いに、先手として大活躍をしているのである。徳川軍団の斬り込み隊長といった趣がある。

天正十二年（一五八四）の小牧・長久手の戦いにおいては、八万の秀吉の大軍に、わずか五〇〇の兵であたり、家康のために時間かせぎをした話は有名である。

『四戦紀聞』に名を記された本多軍団の主力メンバーたち

さて、本多軍団の主力メンバーであるが、もちろん、時代によって若干の入れかわりはあるものの、各種軍記物に名前が出てくる部将はある程度限られている。

たとえば、『四戦紀聞』の中の「江州姉川戦記」では、活躍した「本多の従士」として、桜井庄之助勝次・柴田五郎右衛門・三浦竹蔵・大原作右衛門・木村三七郎・原田弥之助・梶金平勝忠の名をあげており、姉川の戦いの二年後、三方原の戦いとなると、桜井・三浦・大原・柴田・梶は同じで、これに大原惣右衛門・荒川甚太郎・河合又五郎・多門越中がプラスされている。

天正三年（一五七五）の長篠・設楽原の戦いのときには、それまで名前がみえなかった家臣として蜂須賀彦助の名がある。なお、この戦いで河合又五郎は討死している。長篠・設楽原の戦いのときの本多忠勝麾下《きか》については記述したものがなく不明である。他の戦いの例からみて五〇〇ないし六〇〇ぐらいだったのではなかろうか。

長篠・設楽原の戦いから九年後の小牧・長久手の戦い段階になると、本多軍団にも新顔がふえている。『四戦紀聞』の「尾州長久手戦記」によると、新たにふえたメンバーとして、本多平三郎・長坂太郎左衛門・三浦九兵衛・梶次郎兵衛・牧宗次郎・松下勘左衛門・匂坂與《さぎさかよ》五右衛門《ごえもん》・小野田與四郎らがあげられている。

本多平三郎は一門と思われ、三浦・梶は、それぞれ三浦竹蔵、梶金平の一族であろう。匂坂・小野田は、遠江の武士で、今川氏の家臣だったものであり、今川氏滅亡後、本多忠勝に付属させられたものがいたことをうかがわせる。

酒井軍団─徳川四天王の筆頭格酒井忠次が率いた軍団

東三河制圧と長篠・設楽原の戦いにおいて多大なる貢献を果たす

酒井氏は、松平氏の最も古い庶流家であり、官途名の雅楽頭《うたのかみ》を世襲して名乗る雅楽頭系と、左衛門《さえもんの》尉《じょう》を世襲して名乗る左衛門尉系の二つの系統に分かれていた。

酒井忠次は、この左衛門尉系酒井氏であった。しかも忠次は、家康の父広忠の妹を娶っていたのである。松平庶流家というだけでなく家康の叔母を妻にしていたわけで、一門格の扱いをうける松平軍団の重鎮といってよかった。

永禄七年（一五六四）、今川方の吉田城攻めを成功させると、すぐ吉田城をまかされ、「東三河の旗頭」として、東三河に所領をもつ松平一門および国人領主たちを指揮する形となったのである。東三河の制圧は、酒井軍団の働きによるところが大きかった。

のち、家康が本拠を浜松城に移したあとも、忠次は吉田城主として城を守り、元亀二年（一五七一）、武田信玄の軍勢が吉田城を攻めたときは、これを守りきっている。

城兵がどのくらいいたか、正確にはわからないが、吉田城の規模、また、家康の領国規模全体から考えると、直属軍ははじめのころ三〇〇、のちになって六〇〇くらいにふくれあがっていたものと思われる。

酒井軍団の活躍といえば、何といっても、天正三年（一五七五）五月の長篠・設楽原の戦いのときの鳶巣山《とびがすやま》占領であろう。長篠・設楽原の戦いで、勝敗の帰趨を左右するほどの作戦と評価されている。

このとき、信長・家康は、いかにして武田勝頼率いる武田騎馬隊を、設楽原の馬防柵のところまでおびきだすかを考えていた。鳶巣山への奇襲がそれに連動しているのである。この作戦を考え、信長に進言したのが忠次だった。そして、忠次にその実行もまかされたのである。

忠次の直属軍六〇〇では、いかに奇襲とはいえ危険である。そこで、家康は、松平家忠・同忠次・本多広孝・同康重・牧野成宗・奥平貞能・菅沼定盈《さだみつ》・西郷家員・設楽貞通らを忠次に付属させた。したがって、このときの酒井軍団はおよそ三〇〇〇であった。

ここにみえるメンバーは、実は、忠次が、永禄七年に「東三河の旗頭」に指名されたとき付属させられた部将とほぼ一致する。つまり、「東三河の旗頭」だった時代の軍団編制がそのまま天正年代に入っても生き続けていたことがわかる。

ただ、忠次は、家康よりも十五歳年長だったということもあり、実際の戦いで大活躍をし、武功をあげたのは、この長篠・設楽原の戦いが最後といってよかった。

その後、天正七年（一五七九）のいわゆる「築山殿事件」以後は、家康と忠次の間に微妙な亀裂が生じはじめ、他の井伊軍団・本多軍団・榊原軍団ほどには活躍していない。

榊原軍団—姉川の戦いで勝利を呼んだ強行渡河

軍功をあげ、家康から名前一字を授かった榊原康政

榊原氏は松平氏の累代の譜代だったというわけではない。康政の祖父清長のとき、伊勢から三河に移住したという。しかも、はじめから松平氏に仕えたわけではなく、家康の対抗勢力の一人だった酒井忠尚に属していたのである。

康政が家康に仕えるようになったのは、永禄三年（一五六〇）の桶狭間の戦いの直後であった。家康が大高城から岡崎城にもどるとき、三河の大樹寺に入ったが、そこで召し出され、はじめは小姓として仕えている。

康政の初陣は、その三年後、永禄六年（一五六三）の三河一向一揆のときであった。その

とき、軍功をあげ、家康から〝康〟の一字を与えられ、康政と名乗るようになったといわれている。

康政の軍功としてよく知られているのは、元亀元年（一五七〇）の姉川の戦いのときである。このとき、徳川軍の先陣を酒井忠次隊がつとめ、第二陣を榊原康政隊がつとめていた。しかし、先陣の酒井忠次隊が、川の流れの早さと岸の高さに躊躇し、なかなか渡河しようとしない様子をみて、康政隊が、第二陣ながら強行渡河を試みようとしたため、それをみた忠次も「第二陣に遅れては恥辱」とばかり、競いあって渡河を強行し、この強行渡河が功を奏し、徳川軍の大勝利につながったのである。

家康は本多忠勝と康政を同等に評価していた

『四戦紀聞』の「江州姉川戦記」には、「榊原が従兵」として、伊藤弥右衛門・清水久三郎・中島右衛門作の三人の名前をあげている。この三人が軍団の中枢だったのであろう。

なお、その少しあと、天正三年（一五七五）の長篠・設楽原の戦い時点では、同じく「参州長篠戦記」によると、伊藤弥三・伊奈源左衛門・榊原仁兵衛・鈴木半兵衛・富田三右衛門・村上弥右衛門といった部将が榊原軍団の中心だったことがうかがわれる。

姉川の戦いのとき、長篠・設楽原の戦いのときに榊原軍団がどの程度の兵力だったかについてはよくわからない。長篠・設楽原の戦いのとき、本多軍団が五〇〇から六〇〇くらいと推定したが、榊原軍団もそれと同じではなかったかと思われる。

天正十二年（一五八四）の小牧・長久手の戦いのときには、『四戦紀聞』の「尾州長久手戦記」に、「榊原小平太康政、其兵九百」とあるので、九〇〇ほどを擁していたことがわかる。

こののち、家康の関東転封にともなって、康政は上野国館林で十万石をもらっている。この十万石というのは、本多忠勝と同じで、家康が康政と忠勝の働きを同程度に評価していたことの証拠といってよい。

そして、文禄元年（一五九二）からは、康政は徳川秀忠附となるのである。

＊『ビッグマンスシャル』覇王家康　一九九六年四月　世界文化社

学界から見た徳川家康替え玉説

替え玉説が受け入れられない理由

一地方官で、民間史家でもあった村岡素一郎が、『史疑徳川家康事蹟』を著し、いわゆる「家康替え玉説」を唱えたのは、明治三十五年（一九〇二）四月のことであった。しかも、同書の出版は、単に私家版として自費出版のように刊行されたのではなく、徳富蘇峰が民友社に出版斡旋《あっせん》の労をとり、民友社から出版されており、また、当時の史学界の重鎮、東京帝国大学の重野安繹《しげのやすつぐ》教授が序文を書いており、〝アングラ出版〟といった性格のものではなかったのである。

重野安繹の序文は、「家康替え玉説」を肯定したものではなかったが、英雄の幼少時代には粉飾が多く、秀吉だって、その子孫がずっと続いていれば、微賤《びせん》の時代のことは語られなかったろうとし、家康だってその可能性はあるのではないかと、「家康替え玉説」に好意的な見方をしている。おそらく、その背景には、明治という時代の影響があったのであろう。

江戸時代を通じて「神君」とされていた家康が、明治維新以後、史学界のみならず、言論界において、急速にその地位を低下させていったことと、「家康替え玉説」の登場は決して無関係ではない。

では、「家康替え玉説」は、その後、学界にどう受けいれられていったのか、あるいは受けいれられなかったのか。結論からいってしまえば、受けいれられなかったということになる。奇説として、人びとの興味をひき、出版直後こそ話題になったようであるが、いつしか忘れ去られてしまったのである。

そこで、以下、「家康替え玉説」が受けいれられなかった理由について検討してみたい。

史料としての信憑性が極めて高い『駿府記』

村岡素一郎が「家康替え玉説」を思いついたのは、『駿府記』の慶長十七年（一六一二）八月十九日の記事だったといわれている。『駿府記』の原文は漢文なので、ここでは、八月十九日の記事部分をつぎに読み下しにして引用しておこう。

十九日　前殿に出御。奈良不動院出仕。御法談あり。次に維摩経の事を尋ねしめ給う。又、三論宗要文一紙に写し、御前に於てこれを読進す。日野入道・金地院・因果居士等伺候と云々。御雑談の中、昔年、御幼少の時、又右衛門某と云う者あり、銭五百貫御所に売り奉るの時、九歳より十八、九歳に至る。駿河国に御座の由談ぜしめ給う。諸人伺候皆これを聞くと云々。

問題なのは後半部分である。村岡素一郎は、そこに、「昔、幼少の時、又右衛門という者に五百貫で売られたことがある」と記されているのに注目し、幼少時の事蹟に疑念を抱き、いろいろと調べた結論として「家康替え玉説」を導き出したというわけである。

『駿府記』は、その異本『駿府政事録』とともに著者は不明である。林羅山ともいい、後藤庄三郎ともいわれている。著者は不明ながら、書かれている内容は正確で、史料としての信憑《しんぴょう》性の点では定評がある。史料的価値の高い『駿府記』に、「わしは幼いころ、五百貫で売られたことがあった」と、家康が近臣たちに話していたわけで、村岡素一郎はこの記事をもとに、ささら者出身の子どもが願人坊主酒井常光坊に売りとばされたという話を作っていったのであった。

家康替え玉説は史料の読み違えから生まれた!?

では、史実としてはどうなのだろうか。『駿府記』がうそを書いていたととらえてしまうのは早計である。『駿府記』の記載にまちがいはなく、むしろ、村岡素一郎の読みとり方の側に問題があったとするのが、学界の主流的な考え方である。

実は、家康が、「わしは幼いころ、五百貫で売られたことがあった」と述懐したことに対応する事件があったのである。天文十六年（一五四七）八月のことであるが、そのころ竹千代といっていたのちの家康は、松平広忠から今川義元のもとに「人質」として送られるべく、岡崎を出て、渥美半島の田原経由で駿府に向かっていた。ところが、田原城主戸田康光が竹千代一行をあざむき、舟に乗せて尾張に運んでしまい、織田信秀に渡してしまったのである。そのとき、戸田康光は信秀から謝礼としてお金をもらっており、竹千代の側にしてみれば、織田方に売りとばされたと同じことであった。

事実、大久保彦左衛門忠教《ただたか》の著した『三河物語』には、「田原之戸田少弼殿ハ、広忠之御為にハ御婚《しうと》なり。竹千代様之御為にハ継祖父なり。然共、少弼殿、織田之弾正之忠え永楽銭千貫目に、竹千代様ヲ売サせラレ給ひて……」とみえ、竹千代が売られたという表現を使っているので、そうした意識があったことはまちがいない。

つまり、『駿府記』に、「わしは幼いころ、五百貫で売られたことがあった」という家康の言葉がみえるのは、村岡素一郎がいうように、願人坊主に売られたことをさしているのではなく、「人質」として本来今川方に送られるところを、敵織田方に横取りされたことをさしていたと見るのが正しい見方である。

大樹寺多宝塔に書かれた家康の祖父・清康の別名

さて、村岡素一郎が「家康替え玉説」を思いついたもう一つの要素が家康の名前である。『史疑徳川家康事蹟』を読んで気がつくことは、別な人物が家康にすり替わっていく上で、名前の変化が関係しているという点である。村岡素一郎は、家康に関係する史料を調べていくうちに、世良田二郎三郎元信という名前にぶつかり、これを、のちの家康の松平元康とはちがう人間であるととらえたことがそもそもの出発点だったように思える。たしかに、松平元康という名前にくらべ、世良田二郎三郎元信という名前はあまり一般的ではない。明治三十五年といえば、松平氏の系譜研究も今日ほど進んではおらず、ある意味では仕方のないことではあったが、村岡素一郎は、強引に、この世良田元信が松平元康を殺し、元康にすり替わり、それがのちの家康になったとしているのである。

ところが、松平氏の系譜を調べていくと、家康＝元康＝元信の祖父清康が世良田次郎三郎清康と名乗ったことは明らかである。それは、天文四年（一五三五）四月、清康が大檀那《だんな》となって大樹寺に多宝塔を建立したとき、その心柱に「世良田次郎三郎清康」と書かれているのでまちがいはない。

また、元康と名乗る前、元信と名乗っていたことは、「大泉寺文書」や「高隆寺文書」などによっても明らかなので、名前の点からも「家康替え玉説」の成り立つ余地はないといえよう。

＊『改訂新版　日本史の謎』二〇〇五年一月　世界文化社

家康の戦歴と戦果

1

家康の戦歴を追ってみると、およそ統一の覇者とよぶにふさわしくない戦歴だったことに気づく。関ヶ原の戦いで石田三成を破り、また、大坂の陣で豊臣氏を滅亡に追いやったことから、連戦連勝の印象をうけるが、それはあくまで統一の最後の仕上げの段階であって、それまでの経過は、どちらかといえば負け軍《いくさ》の方が多いのである。

したがって、夏の甲子園として人気のある全国高校野球選手権大会のような勝ちぬき戦だと、家康は一回戦か二回戦で早々に姿を消していたことになる。そのような家康が、天下統一の最終的な勝利者になれたのはなぜだったのだろうか。理由はいくつかあげられるだろう。たとえば、三方原の戦いで武田信玄に完膚《かんぷ》なきまでに痛めつけられながら、殺されるまでは至らず、しかもその直後、信玄が病死してしまうという幸運にもめぐまれた。

しかし、運がよかったというだけでは事態の本質をとらえきったことにはならないのではなかろうか。基本は、負け軍をいかにプラスに転化させたか、また、壊滅的な打撃をうける前に妥協する政治力を、いかに身につけていたかにかかっているといってもよいであろう。以下、これらの点を具体的に考えてみよう。

2

負け軍をいかにプラスに転化したかといった点で、最もぴったりくるのは三方原《みかたがはら》の戦いである。この戦いは、元亀三年（一五七二）十二月、現在の浜松市郊外三方原台地の上でくりひろげられ、武田信玄の軍勢二万五〇〇〇に対し、わずか八〇〇〇ほどの家康が戦ったものである。なお、このとき、『甲陽軍鑑《こうようぐんかん》』という本によれば家康軍が八〇〇〇で、信長の援軍が三〇〇〇いたので計一万一〇〇〇と記しているが、これら兵力をことごとく浜松城に集中できていたわけではなく、高天神城をはじめとする領内の支城にも配備しておかなければならなかったので、実際に三方原の戦いに参陣できた人数は八〇〇〇もいなかったろう。

家康のたてた作戦は、自分が浜松城に籠城し、信玄が城を囲んだ時点で信長の援軍を要請し、信長の後詰《ごづめ》の軍勢とで信玄を内と外とではさみ討ちにしようというものであった。ところが、信玄はすでにそうした策略を見ぬいており、浜松城を攻めなかったのである。城下近くを素通りして三方原台地の方に進んだ。

まんまと作戦の裏をかかれたわけであるが、そこはまだ三十一歳の家康のこと、全く無視されたことで頭にきて、信玄勢を追撃することになった。もちろん、理由はそれだけでなく、信長のために時間稼ぎをする必要もあり、そのまま信玄勢を三河に向けさせるわけにはいかなかった。その時点で家康の考えた作戦は、三方原の台地の北端が祝田《ほうだ》の坂といって長い下り坂のあるのを利用しようとするものであった。その坂を信玄勢が下りはじめたところを、上から追い落とせば少勢でも勝てると踏んだのである。

ところが、この作戦も裏をかかれた。信玄は、祝田の坂にかかるところで行軍をやめ、くるりと向きをかえたのである。何のことはない、家康は浜松城からおびき出される格好になってしまった。こうなっては多勢に無勢、家康の完敗で、家康自身、命からがら浜松城に逃げかえった事の顚末はよく知られているところであろう。

さて、この戦いで、家康の得たものは何だったろう。何よりも、信玄の軍略を直接学んだことだったのではないだろうか。それまでの家康は、三河一向一揆を鎮圧したり、遠江に攻め入って今川氏真の部将と戦ったりしてはいるが、これといった武将とあたったことはなかった。とにかく、戦国時代十本の指に入るであろう名将武田信玄の胸を借りたことは、家康の一生にとって得がたい成果ではなかったかと思われる。

さらに、もう一点、三河武士の結束力が再確認されたという点もあげておかなければならない。乱戦の最中、家康は一時は斬り死にを覚悟したほどであった。しかし、家臣たちはその死をとどめさせ、それればかりか、敗走の時間かせぎのため、次つぎに家臣たちが家康の身がわりとなって、敵中に「われこそは家康なり」といって飛び込んで死んでいったのである。三河武士の忠誠心というか、滅私奉公の論理が、少なくともこの三方原の戦いで確立したことの意味は大きかったといわねばならない。

『徳川実紀』に、「此度に討たれし三河武者、末が末までも戦わざるは一人もなかるべし。その屍、此方《こなた》に向いたるはうち伏し、浜松の方に伏したるは仰様《のけざま》なり」と信玄の部将馬場美濃守信房の言葉が伝えられているが、敵にうしろを見せて死んだものは一人もなかったことを物語っている。こうして、負けたとはいえ、三河武士の勇猛ぶりが広く伝えられることになったわけで、これは家康にとって大きな財産となった。

3

家康が信玄を軍法の師と仰いでいたことは、天正十年（一五八二）の武田氏滅亡後、よりはっきりする。というのは、家康が武田遺臣を多く召し抱えているのである。特に、のちに徳川四天王の一人に数えられる井伊直政の麾下に勇将山県昌景の「赤備え」が預けられたことは有名で、以後、「井伊の赤備え」として敵をふるえあがらせた。もっとも、家康が武田領を継承するにあたっては紆余曲折《うよきょくせつ》があったのである。

天正十年、武田氏が滅亡して少したった六月二日、本能寺において信長が明智光秀に殺されたが、そのとき、家康は堺見物をしていた。仮に、家康が三河岡崎城か遠江の浜松城にいれば、大軍を率いて光秀討伐に向かったであろう。秀吉に先を越されないですんだかもしれない。

しかし、結果は周知のように、秀吉と光秀の戦った山崎の戦いで秀吉方の勝利となり、秀吉が信長の後継者として急浮上する事態となった。家康は、かろうじて三河に帰ることができ、兵をまとめて上洛しようとして途中まで出たところで、秀吉が光秀を討ったという報告をうけ、仕方なく、そのまま三河にもどり、武田滅亡後信長領になっていた甲斐・信濃が、信長の急死によって混乱状態におちいったのに目をつけ、甲斐に兵を送りこんだのである。

このとき、同じような思惑から兵を甲斐に進めた大名がもう一人いた。北条氏直である。甲斐支配の主導権をめぐって家康と北条氏直とが争うことになった。これが、この年八月から十月末までにらみあったという若神子《わかみこ》の陣とよばれる戦いである。

対陣は実に八十日にもおよんだが、容易に決着がつかず、家康にしても、氏直にしても、そのままそこに釘づけになっていることは得策ではなかった。和議の話がまとまり、結局、甲斐・信濃は家康の占領にまかせる、そのかわり、条件として、家康は二女の督姫《とくひめ》を氏直に嫁がせるということに決まった。氏直にしてみれば、武田遺領はまだ上野の方にもあり、そちらを完全に掌握した方が有利であると判断したものであろう。

それにしても、氏直を討ち破れなかったということに、家康の力の程度が示されており、このときの対陣が、家康における「妥協の戦略」のとりはじめといってよい。

その「妥協の戦略」の最たるものが、天正十二年（一五八四）の小牧・長久手の戦いである。ふつう、小牧・長久手の戦いというように一つの戦いとしているが、厳密にいえば小牧の戦いと、長久手の戦いと二つの戦いをそうよんでいる。

山崎の戦いのあと、秀吉は柴田勝家・織田信孝を殺し、着々と信長の後継者として頭角をあらわしはじめてきた。家康にしてみれば、信長在世中には同席すらできなかった秀吉が、信長の遺子信雄《のぶかつ》をも軽んずる動きを見せはじめたのを見て、「ここらで一つたたいておかなければ」と考えた。そこで信雄と手を組んで秀吉と戦う決意を固めたのである。このとき、家康・信雄連合軍の本拠となったのがかつて信長の居城であった小牧山で、そのため、このときの戦いを小牧の戦いとよんでいるのである。

秀吉軍十万に対し、家康・信雄連合軍はわずか一万六、七〇〇〇で、圧倒的に秀吉軍が優勢であったが、戦いそのものはにらみあいが続き、戦線は膠着《こうちゃく》状態のままむなしく日を送ることになった。

戦いは三月二十八日からはじまったが、どちらも相手の出方をうかがって手を出さず、ついに四月にもつれこんだ。その間、家康は旺盛な外交戦略を開始しており、若神子の陣の講和で同盟者となった北条氏直を介し、遠く奥州の伊達輝宗との連合も策し、家康・信雄・氏直・輝宗といった東日本の反秀吉勢力の総合結集に動き出したのである。この点、家康の外交手腕は抜群であったと評価してよいであろう。

なお、小牧の戦いはにらみあいが続いたままであったが、そのにらみあいの中で、はじめに焦り出したのは秀吉の方である。それはそうであろう。五倍もの大軍を擁しながら手出しができないとあっては、全体の士気にかかわる。

そこで秀吉の部将池田恒興・元助父子および森長可《ながよし》が秀吉に「家康を小牧山に釘づけにしている間に三河の家康の本領を攻めたらどうだろう」と建議したのである。秀吉は、「相手が家康であるから、そう簡単には行くまい」と反対したが、甥の秀次までもが三河攻めの大将になりたいといいだしたため、秀吉もその意見に従うことになった。

ところが、この作戦は全く裏目に出てしまった。家康側ではいち早くその動きを察知しており、四月八日の夜半、こっそり小牧山を出、翌九日早朝、三河にいた大須賀康高・榊原康政らの軍勢とで秀次軍をはさみ討ちにしたのである。大将秀次は命からがら逃げ帰ったが、池田恒興・元助父子、それに森長可は討死という結果となった。その戦いのあった場所が尾張の長久手というところだったため、この戦いを長久手の戦いとよんでいるのである。

したがって、長久手の戦いは家康の大勝利ということになる。しかし、十万を越す秀吉の主力は無傷のままである。このとき、秀吉は家康の実力を評価し、敵にしておいては危ないと考え、講和に踏みきったとされているが、私はむしろ、家康の背後にある氏直・輝宗ら東国戦国大名の結束を恐れたのではなかったかと考えている。仮に戦いがそのまま長びき、徳川・後北条・伊達の連合がさらに強化されることになると、十万対一万六、七〇〇〇という兵力差はかなり縮まったものになったであろう。

おそらく秀吉は、家康を軸として動き出しはじめた東国戦国大名の連合の動きをストップさせることが先決であると考えたのであろう。そして小牧・長久手の戦いの張本人である信雄と単独講和を結ぶことに成功したのである。この講和は十一月十五日。長い戦いであった。秀吉と信雄が和睦してしまった以上、家康にはこの戦いを続ける名分がなくなってしまい、家康も講和を結ぶことになった。

4

小牧・長久手の戦いの結末は、秀吉にしても家康にしても「妥協の戦略」をそのまま地で行ったようなものであった。以後、家康は一貫して親秀吉的行動をとるようになる。

この変わり身の早さが家康の「特技」であったとみてよいのではないか。あまり力をもたなかった家康が、戦国の荒波を乗り切ることができた大きな要因の一つが、この変わり身の早さだったと私は考えている。

だいぶ前にさかのぼるが、永禄三年（一五六〇）の桶狭間の戦いのとき、家康（そのころはまだ松平元康）は今川義元の先鋒として大高城の兵糧入れを行うなど、今川氏の人質の身として当然のこととはいいながら、今川氏の前衛としての任務を立派にやりとげていたのである。

ところが、義元は信長の奇襲によって桶狭間で討死にし、今川家臣団はわれさきにと本国に逃げ帰ってしまい、家康は本領三河の岡崎城に取り残される形になった。そのとき、家康は一度は義元の子今川氏真に義元の弔《とむら》い合戦を勧めている。しかし、氏真に全くその気がなく、そのまま日が経過してしまった。

家康が、自分の置かれている立場に不安をもちはじめたとしても、それを責めるのは酷であろう。何せ、すぐ隣りに、義元を討ち破って意気上がる信長が虎視《こし》眈々《たんたん》と三河をねらっているのだから……。

家康の決断は意外と早かった。その裏には、家康の生母於大の方の兄で、当時、信長の部将だった水野信元の斡旋があったわけであるが、一年おいた永禄五年（一五六二）正月、家康は信長の居城清洲城を訪ね、起請文をとりかわして同盟を結んでいる。

『武徳編年集成』という本によると、そのとき、家康と信長およびその斡旋の労をとった水野信元の三人が一堂に会し、「牛」という字を書いた小さな紙を三つに切って水にうかべ、それを飲んだという。これは、中世来の伝統的な起請文とりかわしの儀式を踏襲したものとして興味深い。つまり、農民たちが土一揆に立ち上がるときなど、牛王宝印《ごおうほういん》といって諸社寺の出す厄難よけの護符を焼いて、それを灰にして水にまぜ、その水を飲む「一味神水」の儀式に相通じ、本来の盟約のやり方をまねているからである。

それはさておき、家康の変わり身の早さは驚くべきものがある。このことは、逆にいえば、家康に人を見る眼があったということになるのではないだろうか。

桶狭間の合戦後、今川氏真にそのままつくか、信長の将来性を買うかの選択で、家康は信長を選んだ。そして、そのことは、家康のその後の発展にはかりしれないプラスになっている。また、小牧・長久手の戦いに際し、家康は、やはり北条氏直との同盟の線を強くするか、秀吉との同盟に踏み切るかで、秀吉につく方を選択した。この方は、秀吉についたがために、自らが天下人になるという最終目標からみれば、だいぶ遠まわりを余儀なくされたわけであるが、それにしても、その選択がまちがっていなかったことだけは確かである。戦国時代に一般的に見られる「強い者への傾斜」という論理が家康にも貫徹していたとみてよいと思われる。

ところで、家康のそうした変わり身の早さについていけない部分もあった。その典型的な例が小牧・長久手合戦後の北条氏直であろう。この場合、後北条氏の当主は形の上では氏直であるが、実権はまだ氏直の父氏政が握っていたようなので、氏政・氏直父子としておく方が正確であろう。

小牧・長久手の戦いのあと、家康が秀吉に尻尾を振っていくのを、氏政・氏直父子はどのような眼で見ていたのだろうか。「やむをえない措置」と見ていたか、「裏切り者」と見ていたかは明らかでない。ただ、天正十三年（一五八五）十月、氏政・氏直父子の家老二十人の誓書が浜松城の家康のもとに届けられたことが家康の臣松平家忠の日記である『家忠日記』によって明らかとなる。この日記には誓書の内容までは記されていないが、おそらく、「秀吉との対決の時がくれば、北条方はこぞって家康殿に味方しよう」とでも書かれていたのであろう。後北条方は、まだ家康の行動が理解できなかったのではなかろうか。

もっとも、この場合、家康の方もまだしっかりしていなかったようである。というのは、同盟強化のあかしとして、伊豆と駿河の国境にある沼津城を本丸だけ旅館《たびやかた》として残し、あとは不要だといって櫓・塀などを壊させているのである。家康にはどうも優柔不断な面があったのではないかと思われる。もっとも、その優柔不断さが家康のもう一つの「特技」だったと思えないでもないのだが……。

5

さて、その後、家康は小田原攻め・奥州攻めに出陣しているが、秀吉の一部将という枠の中では目立った働きをしていない。というよりは、むしろ、秀吉の天下統一に協力するというポーズをとりながら、自分の力を蓄えていったのである。その最も顕著な形であらわれたのが文禄・慶長の役ではなかったろうか。

文禄・慶長の役のとき、家康は名護屋《なごや》までは出陣したが朝鮮へは渡海しなかった。秀吉は家康を渡海させたかったようであるが、家康は進んで「渡海します」とはいわなかった。

この時期、家康は、無益な侵略戦争に荷担するよりは、自国の内部を固めておく方が得策と考えていたのではなかろうか。豊臣政権が意外に早く崩壊したのと、のち、家康が天下人になっていったことを合わせ考えると、この朝鮮出兵に対する考え方がその分岐点だったような印象をうけるのである。

家康による天下統一の総仕上げが、慶長五年（一六〇〇）九月の関ヶ原の戦いであり、そのだめ押しが慶長十九年（一六一四）から翌元和元年（一六一五）にかけての大坂の陣であった。大坂の陣の方は、戦いといっても、もう結果はわかっているようなもので、家康としても、だめ押し程度に考えていたのではなかったかと考えられるが、関ヶ原の戦いの場合には、やはり総力をあげた戦いであった。

関ヶ原の戦いの成りゆきを見て誰もが感ずると思われるのは、実際の戦い以前の巧みなかけ引きにおいて、家康の方が三成に数段の差をつけていたという点である。この差が関ヶ原の戦いの明暗を分けたといっても過言ではないだろう。こうしたかけ引きは「裏工作」とか「根まわし」などとよばれ、いかにも正攻法ではない卑劣な手段と思われがちであるが、外交戦略としては一つの位置を占める戦略であり、家康がその方面の天才であったことはまぎれのない事実であった。そうした方法は、おそらく信長、さらには秀吉から学んでいったものであろう。

その意味において、信長・秀吉・家康の三者三様の生き方の中に、三人の連続面のようなものが見出されるし、また、最終的に家康が勝利者となりえた秘密もかくされているように思えるのである。

＊『実録徳川家康』一九八二年一二月　ゆまにて出版

保身順応の犠牲の論理

長男信康を自刃に追いこむ

戦国時代は、一人の子どもに対する愛情よりも、家を存続させることの方が優先されていた。徳川家康も、もちろんその例外ではない。いや「例外ではない」というどころか、典型的な例を私たちに示しているといってもよい。ほかの戦国武将にくらべ、具体例が多いのである。

子どもの順序通り、まず、長男の信康からみていくことにしよう。周知の通り、信康は家康の長男として永禄二年（一五五九）に生まれている。母親は家康の正室築山殿であり、幼名竹千代を名乗っていることにも明らかなように、早くから家康の嫡男として、つまり跡とりとして意識されていた。

永禄三年の桶狭間の戦い後、家康が今川氏真と離れて織田信長と結んだため、一時、人質として駿府に抑留されていたが、その後、人質交換によって岡崎城に移った。家康・信長ともに同盟関係の強化を願っていた関係で、早くも同六年には、信康はわずか五歳ながら信長の娘徳姫（五徳）と婚約している。徳姫も同い歳の五歳であった。正式に結婚したのは九歳である。信康は信長の婿であり、前途洋々たる将来が開けるはずであった。

ところが、思わぬところから歯車がくるいはじめる。結婚して十二年目、すでに二人の間には二人の娘がいる天正七年（一五七九）、妻徳姫が父の信長に、一二カ条の罪状を書き記した密書を届けたことにより、一転して悲劇へとつき進んでいくことになった。

現在、このとき徳姫がしたためたという一二カ条の密書というのは残っておらず、したがってどのような内容が書き記されていたかは正確にはわからない。近世成立の史書によれば、夫信康の不行跡と、信康の母築山殿の悪行が暴露されていたという。

それを受け取った信長は、真相究明のため、家康の家老酒井忠次をよび出し、その真偽をただしたが、忠次は弁解しきれず、結局、「信康と築山殿、武田勝頼に内通の疑いあり」ということで、あらためて信長から家康に二人の処分の命が下ったのである。

これが、信康事件とも築山殿事件ともいわれる事件の発端であった。「青天《せいてん》の霹靂《へきれき》」とはまさにこのようなことをいうのだろう。家康としては、信康・築山殿が無実であることは百も承知していた。しかし、承知していながら、信長の命令には従わざるをえなかったのである。

家康は、信長の性格を知りすぎるくらい知りつくしていた。「信長が一度口にした以上、もはや弁解しても無駄である」と、早くに覚悟を決めてしまっている。信長と家康の同盟は、形の上では対等の同盟であるが、実質的には家康が信長に臣従する主従制原理が加味された同盟だったのである。家康には、信長の命令を拒むだけの力はなかった。もし拒めば、徳川家という家そのものの存続がおぼつかなくなるからである。

つまり、家康は、わが子信康が無実であると知りながら、徳川という家を守るために、わが子一人を犠牲にする道を選んだということになる。

『信長公記』『三河物語』など信頼度の高い史料によれば、信長から酒井忠次に詰問があったのは天正七年七月十六日のことであった。びっくりした家康は八月三日、浜松城から信康のいる岡崎城に出むき、まず、信康の身柄を三河の大浜というところに移した。その後、遠江の堀江城、さらに同じく遠江の二俣城に移しているのである。すぐに切腹を命じなかったのは、「あわよくば、信長の疑いが解けるかもしれない」と考えたからであろう。いかに家を守るためとはいえ、二十一歳まで育てあげた嫡男を殺すことはできなかったものと思われる。特に信康が自分の後継者として、軍略的にもみるべきものがあるとみていただけに、何とか命を助ける方法はないものかと模索していたのであろう。

しかし、一向に信長の怒りがやわらぐ気配はみられず、あるいは信長からの催促があったものかもしれないが、とうとう家康も腹を固めざるをえず、まず、八月二十九日、妻の築山殿を殺し、ついで九月十五日、信康が二俣城で切腹した。

ところで、この信康事件は、有名な割には謎が多すぎる。第一、この時点で、築山殿・信康母子が武田勝頼に内通することなどありえないことであり、徳川方史料にそのことがとりあげられていることは、考えれば考えるほど不思議である。また、信康を暴虐に描き、築山殿を淫奔に描き出している史料も多いが、これは、家康を正当化するために、後世の人が捏《ねつ》造《ぞう》したものである。「信康・築山殿はこのように悪い人間だったから、家康も二人を殺したのだ」と、家康弁護の論陣を張るためのでっちあげである。

では、実際のところは、原因は何だったのだろうか。かつて、高柳光寿氏は、信長が、わが子信忠よりも信康の方が人物ができているのを恐れ、将来、上下関係が逆になるのを心配して、未然にその禍根を絶ったという解釈を示したことがある（『青史端紅』）。

また一説には、信長は同盟者家康の忠誠度を試そうとしただけで、信康が自刃に追いこまれたのは計算外だったのではないかという解釈もある。

さらにもう一つ注目されるのは、作家の安西篤子氏の解釈である。安西氏は、家康と信康との間に勢力争いがおこりはじめていたのではないかと推定している。「父子の年齢差の少ないのも問題だった。信康は家康の十八歳のときの子である。父が三十八歳、ようやく青年の域を脱して壮年期にかかろうというとき、息子はすでに二十一歳の青年武将に成長している。これでは息子は父の片腕というより、競争者になりかねない」(「家康は信康の力を恐れていた⁉」『歴史群像シリーズ』＝徳川家康)。信康を、将来の信忠のライバルではなく、その時点での家康のライバルととらえたわけで、この視点は興味深い。

ほかに、信康と、家康の重臣たちとの間に軋轢《あつれき》が生じていたとする説もあり、真相は今もって謎である。

私は、徳姫から信長に宛てられた一二カ条の罪状というものに疑問をもっている。仮に密書があったとしても、そこには信康の悪虐ぶりとか、築山殿の淫奔ぶりといったようなことは盛りこまれてはいなかったのではなかろうか。せいぜい、「信康が側室をもって最近私をかまってくれなくなった」とか、姑の築山殿が嫁いびりをするといった愚痴が書きつらねてあったのではなかったかと考えている。徳姫にしても、まさか自分の愚痴が夫を死に追いこもうとは考えてはいなかったであろう。

結城秀康・松平忠直父子への冷遇

つぎに、二男秀康についてみておこう。秀康は兄信康のように殺されはしなかったが、家康の保身の犠牲になったという点では同じような側面がみられる。

秀康は天正二年（一五七四）の生まれである。母は築山殿の侍女でお万の方といった。幼名の於義丸というのは、生まれたときの顔が〝ギギ〟という魚に似ていたからだといわれている。誕生後、しばらくは認知してもらえなかった。

これには理由があり、家康は「於義丸は本当に自分の子か」と疑問に思っていたからである。秀康が生まれたころの家康の居城は浜松城であるが、そのころの浜松城には、まだ、のちに男子禁制がきびしく守られるようになった「大奥」の制度はなく、たまたま、湯殿で手をつけたお万の方から「妊娠した」と告げられても、それが自分の子だという確信はもてなかった。しかも、顔つきが〝ギギ〟にそっくりだとあっては、認知したくなかったものと思われる。私は、このときのわだかまりが秀康と家康の生涯の確執につながっていったと考えているが、しかし、世間的には二男は二男である。

そして、天正七年に長男信康を死に追いこんでからは、秀康が一番の年長者となった。ふつうならば、秀康がそれまでの信康にかわり、嫡男としての扱いをうけるはずであったが、家康は秀康を嫌っていた。

天正十二年（一五八四）の小牧・長久手の戦いのあと、家康は秀吉と講和し、そのとき、講和のあかしとして、秀康が実子のいない秀吉のところに養子になっていくことになった。秀吉の養子として、この秀康しかいないということであればまた別であるが、このときの秀康は、いわば名目は養子、実質は人質ということであった。家康は、体よく嫌いな子を秀吉に押しつけた形となる。

そして、秀康の悲劇はさらに続く。天正十八年（一五九〇）秀吉の小田原攻めの直後、突然、結城《ゆうき》晴朝の養子にされてしまったのである。秀吉が小田原城を開城に追いこんだあと、奥州攻めにむけてさらに北へ進んだが、そのとき結城城の結城晴朝が秀吉のために宿所を用意し接待している。そのとき、晴朝は秀吉に「養子を一人世話していただきたい」と申し込んだのである。

秀吉は快く引きうけ、早速、自分のところに養子としてきていた秀康を結城晴朝の養子に下げ渡している。天正十八年八月六日に秀康は結城城に入った。養子の払い下げというのはあまり聞いたことはないが、昨日までは天下人秀吉の養子だったものが、一夜明ければ、関東の一大名、一〇万一〇〇〇石の養子になってしまったわけだから、秀康としてもいい気持はしなかったであろう。当然、秀吉をうらんだろうし、そうなるもとを作った父家康もうらんだにちがいない。

秀康としてみれば、弟の秀忠がいかにも「家督をつぐのはオレだ」とばかりに江戸城でがんばっているのがおもしろくなかったと思われる。長幼の順序からいえば秀康の方が五つ年長であり、家康もなかなか「家督を誰にする」といわなかったから、秀康も秀忠をライバルに思っていたものと考えられる。

慶長五年（一六〇〇）の関ヶ原の戦いのとき、秀康は宇都宮に駐留し、上杉軍の関東への進出をくいとめるという大役を与えられ、みごとにその責任を果たしている。秀忠が関ヶ原の戦いに間にあわなかっただけに、秀康と秀忠の働きぶりはきわだっていた。しかし、家康は、秀康を越前六七万石に抜擢しただけであった。

いま私は、「抜擢しただけ」という表現を使ったが、それまでの一〇万一〇〇〇石から六七万石への抜擢は、大抜擢といってよく、破格の栄転といってもよかった。しかも、加賀前田氏を監視するために、家康は信頼のおける大名を置いたこともたしかである。

しかし、秀康はこの転封には不満だったものと思われる。秀康からみればライバルの弟がそのまま江戸城にいすわり続けたからである。

『徳川実紀』によると慶長五年秋のこととしているので、おそらく関ヶ原の戦いの直後のことと思われるが、家康は重臣の井伊直政・本多忠勝・本多正信・大久保忠隣らを集め、「誰を家督にしたらよいだろうか」とはかっている。それまで嫡子扱いをしてきた秀忠が、信濃の上田城攻めに手まどり、肝心の関ヶ原の戦いに遅参するという大失態を演じてしまったため、家康も自信をなくしたのかもしれない。家臣たちの意見を聴取しているのである。

どういうわけか、家康の参謀として知られる本多正信は二男の秀康を推した。戦功も抜群というのが理由かもしれない。

大久保忠隣は三男の秀忠を推した。忠隣はずっと秀忠の補佐役なので当然の選択といってよい。

井伊直政は四男の忠吉を推した。忠吉は関ヶ原ではめざましい活躍をしており、開戦のきっかけも作っていたからである。

とにかく、重臣たちの意見は割れた。これは家康にしてみれば意外だったかもしれない。「関ヶ原には遅参したが、やはり秀忠殿」という重臣たちの声を期待していたのかもしれないが、それは誤算だったようである。思惑がはずれたということもあったのか、その日は結論を出さず、のちになって、「秀忠に決めた」と報告があったという。

一縷《いちる》の望みをいだいていただけに、秀康の落胆は大きかった。秀康が家督を弟に奪われたと感じたとしても無理ない状況ではあった。鬱憤《うっぷん》晴らしに酒と女に溺れていったことは十分考えられる。そしてその結果は梅毒による死であった。慶長十二年（一六〇七）閏四月八日、越前北庄城で歿したのである。『当代記』には、「日来、瘡瘡相わづらい、その上虚也」と記されている。

結城秀康は亡くなる前、慶長九年（一六〇四）に姓を結城から松平に代えている。したがって秀康の死後、家督をついだ長男忠直は松平忠直である。

この忠直は元和元年（一六一五）五月七日、大坂夏の陣最後の戦いで大活躍をしている。忠直は一万三〇〇〇（一説に一万五〇〇〇）の兵を率いて、茶臼山で真田幸村（正しくは信繁）隊に相対し、激闘の末、忠直隊の鉄砲頭西尾久作という侍が真田幸村の首をとっているのである。見方によっては、忠直の働きは大坂夏の陣における戦功第一ともいえるが、家康は忠直の働きを全く評価しなかった。前日、五月六日の八尾・若江の戦いで、先鋒の藤堂隊・井伊隊の苦戦をみながら、忠直が兵を動かさなかったことを怒っていたからである。

忠直にしてみれば、真田幸村の首を取ったのに全く加増がなかったということはショックであった。以後、不遜な行動がみられるようになる。その結果、元和九年（一六二三）二月、改易され、豊後萩原に配流されてしまったのである。のち出家して一伯と号し、慶安三年（一六五〇）その地で病死している。

家康の秀康・忠直父子への冷遇は、結局、自分の二男の血統を絶やしてしまったわけである。

松平忠輝の改易

忠輝は家康の六男。母は茶阿の局である。文禄元年（一五九二）の生まれなので、五男信吉から一〇年目の男子誕生になる。ふつうならば久しぶりの男子誕生に大よろこびするところであるが、このときも、家康は忠輝の顔が醜いため、嫌っている。どうも家康は子どもの、しかも生まれたばかりの容貌によって好き嫌いの判断をしていたように思われる。

ところで、この忠輝は、家康の天下盗りに少なからず貢献している。見方によれば、関ヶ原の戦いのきっかけ、すなわち、家康による三成挑発のお膳だては、実はこの忠輝によって演じられているのである。

慶長四年（一五九九）正月二十日のこと、堺の茶人今井宗薫《そうくん》が間にたって、伊達政宗の娘五郎八姫《いろは》と、この忠輝との婚約が成っている。忠輝八歳、五郎八姫六歳である。

これが三成挑発の一つといわれるのは、この婚約が秀吉の遺命にそむくものであり、三成による家康攻撃の材料の一つにされたからである。三成に攻撃された家康が反撃し、両者の対立は決定的となっている。

慶長十一年（一六〇六）十一月、いよいよ忠輝と五郎八姫が結婚した。忠輝十五歳、五郎八姫は十三歳であった。その間、忠輝は、慶長七年（一六〇二）に下総佐倉で四万石の大名となり、翌八年、信濃川中島一八万石の大名となり、左近衛少将に任ぜられている。したがって結婚したころは川中島少将とよばれていた。政宗にしてみれば、自分の娘を家康の子に嫁がせるということで、明らかに保身をはかるものであった。しかし、その忠輝が家康から嫌われているということで、事態は複雑な方向に進んでいった。

さて、忠輝は、慶長十五年（一六一〇）には越後福島に国替えとなり、それまで領有していた川中島と合わせて七五万石（一説に六〇万石）となった。同十九年（一六一四）に高田城を築いてそこに移っているが、高田城築城は伊達政宗が担当し、家康の子の城であるということから、奥羽諸大名にも助役が命じられていた。

家康に嫌われているとはいっても、七五万石を領する大大名であり、政宗の後ろ楯もあって、そのころまでは、まずまずの成長ぶりだったといってよい。

　ところが、高田築城の前後から忠輝をめぐる雲ゆきはおかしくなりはじめた。決定的だったのは、忠輝の後見人の一人、大久保長安《ながやす》が歿し、死後、生前の不正がばれ、子どもたちまで切腹させられるという、いわゆる大久保長安事件がおきたからである。

　信憑性《しんぴょうせい》の点では問題のある史料ではあるが『大久保家記別集』によると、長安の居間の床下にあった石櫃の中から、異国王よりの書翰や、キリスト教をひろめ、外国の軍隊を引き入れて幕府を倒し、忠輝を帝王とし、自らは関白におさまろうと計画していた証拠書類が出てきたというのである。状況証拠としては、大久保長安―伊達政宗―松平忠輝を結ぶ動きはあったのである。しかも、その背後にはキリスト教があった。

　家康がキリスト教を禁止したのは慶長十七年（一六一二）で、翌年にはバテレン追放令を発している。キリスト教を受容しようとする忠輝と、それを禁止する家康との間に「宗教戦争」があったことが考えられる。それまでも嫌われていた忠輝は、さらに嫌われることになった。

　そして決定的なことが、さきの松平忠直の場合と同じく、元和元年（一六一五）の大坂夏の陣においておこった。

大坂夏の陣のとき、忠輝は政宗とほぼ同じ場所に布陣していた。政宗が真田幸村隊と戦っており、政宗隊が疲れた様子をみて、忠輝が「交代しよう」と申し出ているが、どうしたわけか、政宗はそれを押しとどめている。政宗としては娘婿を危ないところに出したくないといった程度の親心だったのかもしれないが、結果的にはこれが裏目に出てしまった。

というのは、忠輝は舅政宗に押しとどめられた以上、仕方なくそのときの戦いには加わらず、後方に控える形になってしまい、それが「高見の見物」とされてしまったからである。これが忠輝改易の一つの理由とされたことは明らかで、戦いのなりゆき上どうしようもないことではあった。

大坂夏の陣の翌年、すなわち元和二年（一六一六）正月のことであるが、家康が病気になった。すると、にわかに「忠輝謀反！」の怪情報が飛びかっている。当時、平戸商館長だったリチャード・コックスも、その日記の中で、家康とその子カルサ様（上総様）との間に戦争がおこりかけていると記しているので、事実であろう。カルサ様とは上総介忠輝のことをさすことはいうまでもない。

家康はそのまま病床につき、とうとう四月十七日、駿府で歿してしまった。

そして、家康の死から二ヵ月余たった七月六日、忠輝は所領を没収され、伊勢の朝熊《あさま》（三重県伊勢市朝熊町）に流された。家康が死んでいるので、直接命を下したのは秀忠であるが、忠輝の改易・配流は家康の遺命だったという。

家康死後もこうした事件はおきており、秀忠の子家光と忠長の確執、そして忠長の悲劇的な死も、家康の書いたシナリオだったといえなくもない。家康は、徳川という家を守るために、何人もの係累を犠牲にしていたのである。

＊『歴史と旅』一九八九年一一月号　秋田書店

北条氏と秀吉の狭間の大戦略―駿府移転／「積極的に退いた」家康の真意

小牧・長久手の戦い後、家康は居城を浜松から駿府に移転することを計画し、築城工事に取りかかった。この動きを「秀吉との摩擦を避け退いた」との見方がある一方で、「北条氏との絆を強化するため」とする見解もある。水面下で行われた両雄の葛藤と駆け引きを分析する。

徳川・北条・伊達の三国同盟

家康が秀吉と戦うことを決意した背景に、家康と北条氏政・氏直父子との同盟があったことは、すでに指摘されている通りである。しかし、ただ同盟関係にあったというだけでは、小牧・長久手の戦いの歴史的意義を正しくつかむことはできない。

秀吉の天下構想と、家康の天下構想が小牧・長久手で衝突したわけで、二人の国家ビジョンの点から、小牧・長久手の戦いをとらえ直すことが必要ではないかと考えられる。

いうまでもなく、秀吉の天下構想は、信長路線を引きついで、「天下布武」を実現させることであった。中世の三つの権門といわれた武家・公家・寺家のうち、公家と寺家を排除した武家だけによる単独政権である。天正十一年（一五八三）四月の賤ヶ岳の戦いで柴田勝家を破ったことにより、秀吉が信長路線の後継者として、世間の認知を得る形になっていた。

それに対し、家康は、はじめから秀吉の政権樹立に異を唱えるというわけではなかったというより、そのころは、秀吉が天下を取るなどということが既定の方向とはまだ決まっていなかったといった方がよいかもしれない。家康としてみれば、「秀吉はたしかに信長の後継者にふさわしい。しかし、その秀吉が天下平定を成し遂げることができるかどうかはまだわからない」といったところだったのであろう。

秀吉が着々と勢力圏を広げていけば、家康も家康で勢力圏を広げていったのである。その意味では、天正十一年四月の賤ヶ岳の戦いと、翌十二年の小牧・長久手の戦いとは、戦いの性格がかなりちがっていた。

賤ヶ岳の戦いは、同じ信長家臣だった秀吉と勝家がポスト信長の覇権をかけて戦った戦いであったが、小牧・長久手の戦いは、秀吉と、信長の同盟者だった家康との戦いであり、それぞれ独立した大名同士の戦いとして位置づけられる。

小牧・長久手の戦いの前年、すなわち天正十一年の八月十五日、家康の娘督姫《とくひめ》が、北条氏政の嫡男《ちゃくなん》氏直に嫁いでいる。いうまでもなく、これは政略結婚で、ここに、家康と氏政・氏直の同盟、すなわち、徳川・北条同盟が成立したのである。

しかも、注目されるのは、その北条氏政・氏直父子が、奥州の伊達輝宗とも同盟を結んでいた点である。北条氏を軸にして、徳川・北条・伊達の「三国同盟」が樹立されていたわけで、軍勢の数では圧倒的に劣る家康が、秀吉と戦うことを決意したのには、こうした事情もあったことをみておかなければならない。

実際、小牧・長久手の戦いがはじまったとき、家康から氏政・氏直父子に「御加勢」、すなわち援軍の要請があったことが、天正十二年四月六日付北条氏規《うじのり》の文書（「不破文書」）によってはっきりする。

このとき、氏政・氏直父子が、万難を排してでも家康のところに援軍を送っていれば、事態は少しちがったかもしれない。ところが、ちょうどこのとき、北条氏も上野《こうづけ》の戦いに忙殺されており、援軍を送ることができなかった。

のち、家康が北条氏との同盟を一方的に破棄するが、そこに至るプロセスにおいて、「このとき、援軍を要請したにもかかわらず、北条側はそれに応じてくれなかった」との思いがしこりとして残ってしまった可能性はある。

北条氏からの援軍はこなかったものの、家康は小牧・長久手の戦いで善戦した。局地戦という形で表現される三月十七日の羽黒の戦いでは、秀吉方の森長可の軍を破っており、四月九日の長久手を戦場とした戦いでは、家康は、秀吉側の池田恒興・元助父子、森長可らを討ち取っているのである。

この四月九日の戦いでの勝利は、家康にとっても記念すべき勝利だったらしく、四月十日付で、北条氏政に戦勝報告を書き送っている。

ただ、残念ながら、このときの家康が書いた北条氏政宛の戦勝報告は文面が伝わっていない。そのかわり、戦勝報告を受け取った氏政からの戦勝祝賀の書状は写しの形で「古證文」という文書集に伝わっていた。

この家康宛氏政の戦勝祝賀の書状によって、戦いの名が「岩崎口の戦い」だったこと、家康方では、池田恒興・元助父子、森長可、堀秀政、三好信吉（羽柴秀次）ら一万余を討ち取ったと宣伝していたことがわかる。

家康は、援軍を送ってはくれなかったが、同盟者北条氏政に戦勝報告を送り、同盟関係の継続をアピールしていたことがうかがわれるのである。秀吉と戦うには、北条との同盟、さらには伊達との同盟が不可欠なものとして位置づけられていたのであろう。

秀吉の「敗北」と関白任官

秀吉は、力で家康をねじふせるのはむずかしいと判断し、織田信雄《のぶかつ》に手をまわした。そもそも、この小牧・長久手の戦いの発端は、秀吉に圧迫されはじめた信雄が家康に泣きつき、家康が信雄を前面に押したてて秀吉と戦うことになったからである。

秀吉が信雄を懐柔して講和を結んでしまえば、家康が秀吉と戦う大義名分が失われると考えた。秀吉としてみれば、このまま長期戦になることは好ましいことではなかったからである。

なぜならば、一つには、戦場となっている尾張にだけ力を投入するわけにはいかなかったからである。天下平定を進めていく上で、まだまだ戦わなければならない敵はたくさんいた。

そしてもう一つの理由は、秀吉軍がおよそ一〇万という大軍だったのに対し、家康・信雄連合軍がわずか一万六〇〇〇ほどといわれており、秀吉としてみれば、五倍以上の兵力で、兵力数で断然劣る家康を破ることができないということが広まれば、秀吉のその後の天下平定の戦いにマイナスになるという判断があったからである。

結局、秀吉は、信雄と単独講和を結ぶことに成功した。秀吉の計算通り、これで家康は秀吉と戦い続ける大義名分がなくなり、兵を引き、講和を結んでいる。

講和のしるしとして、このあと、家康の二男於義丸（のちの結城秀康）が秀吉の養子になる形で大坂城に送られているが、名目上は養子でも、実質は人質だった。ただ、このときの講和は、あくまで小牧・長久手の戦いをやめるという終戦協定であって、秀吉と家康の同盟を意味したわけではない。このあたりを誤解すると、その後の歴史展開の本当の意味がつかめなくなってくるので、注意すべきところである。

秀吉にしてみれば、以上二つの理由によって、長期戦を避け、家康と講和にもちこんだわけである。ところが、このことが、そのあと波紋をまきおこすことになる。

さきにみたように、秀吉は信長の後継者として、信長の政権構想である「天下布武」の実現のため邁進《まいしん》するつもりでいた。当然、武家が政治の中心になる体制として、信長も望んでいた征夷大将軍への任官を希望していた。秀吉が、小牧・長久手の戦いで家康を力でねじふせ、北条氏政・氏直父子を圧倒していれば、あるいは秀吉の将軍任官の可能性はあったかもしれない。

しかし、実際には、秀吉は小牧・長久手の戦いで、家康を破ることができなかった。つまり、秀吉の力は、三河から東には一歩も及ばなかったのである。

これは、将軍任官直前の信長の状況とは全くちがっている。信長は、甲斐の武田氏を滅亡させ、関東の北条氏政、奥州の伊達輝宗とは好《よしみ》を通じていた。関東・東北に敵対者はいなかったのである。だからこそ朝廷も、「信長を征夷大将軍にしよう」といい出したのである。

それに対し、秀吉はどうだろう。家康を力でねじふせることができなかったため、講和を結ぶことによって、かろうじて威信を保つことができたが、北条氏や伊達氏に敵対したままである。

そのころすでに征夷大将軍の名称と職務は形骸化《けいがいか》していたとはいえ、秀吉が東国の夷《えびす》どもを征伐する征夷大将軍の名に値しないことは誰の目にも明らかであった。朝廷が、「秀吉は征夷大将軍にふさわしくない」と判断したことは当然の成りゆきだったといってよい。

「こんなことになるくらいなら、妥協などせず、家康をねじふせるべきだった」と秀吉は考えたと思われるが、すでにあとの祭りだった。家康との間に結んだ講和は、あくまで終戦協定であって、同盟関係というわけではなかったので、ここから新たな家康取りこみ戦略がスタートするわけである。

ただ、小牧・長久手の戦いの結果、秀吉は将軍任官をあきらめ、別な形での武家政権をめざすことになった。つまり、信長の「天下布武」路線の放棄である。

しかし、この時代、何のよりどころもなく天下を支配することはできなかった。結局、秀吉は、信長の「天下布武」ではなく、それまで通りの権門体制の枠内で、武家政権の樹立を考えざるをえなくなった。

このことを具体的に物語っているのが、小牧・長久手の戦いで家康と講和を結んだあとの猛スピードの官位昇進である。整理すると、

天正十二年十月　従五位下・左少将
　　　　十一月　従四位下・参議
　　　　十一月　従三位・大納言
天正十三年三月　正二位・内大臣

というようになり、このスピードだと、天正十三年中（一五八五）には太政大臣にまで昇ることが予想された。おそらく、秀吉の考えでは、太政大臣となってはじめて武家政権を樹立した平清盛にならおうとしたのであろう。

そして、その昇進の途中、秀吉にとっては全く予想外のできごとがおこった。天正十三年五月の、関白職をめぐる朝廷内部の紛争である。内大臣だった秀吉のところに関白というポストがころがりこんできたのである。

それまで、何のよりどころももたなかった秀吉は、関白任官にとびついた。つまり、史上初の武家関白として、全国の武家を統括するという論理で全国平定に乗り出すことになったのである。

秀吉との戦を意識した駿府移転

秀吉の論理は実に簡単である。「関白としての立場で、敵対する大名を臣従させる」というもので、そのバックに天皇がいるという形である。要するに、天皇の勅命によって帰伏させる作戦であった。

秀吉が関白宣下《せんげ》をうけたのは、天正十三年七月十一日である。実は、ちょうどそのころ、家康が、それまでの浜松城から城を駿府に移すことを計画し、駿府城の築城にとりかかっているのである。時期が一緒だったのは単なる偶然の一致といってよいが、秀吉の関白任官と、家康の浜松城から駿府城への移城は連動していたことはたしかである。

家康がこのとき城を移したことについては、旧来からいわれているものとして、「秀吉との摩擦を避けようとした」とする解釈がある。家康は、天下取りをしばらくあきらめ、秀吉の御手並み拝見という態度に出たとする見方である。

たしかに、秀吉の力が大きくなり、家康も秀吉の力量を認め、「力ある者が天下を取る」という考えによって、家康自身、一歩退いたとする解釈は成り立つかもしれない。

しかし、私は別な考え方をもっている。それは、一歩退くといっても、後退の意味の退くではなく、積極的に退くという考えである。

家康のそのころの領国は、駿河・遠江・三河・甲斐・信濃の五ヵ国である。浜松城を家康が本拠地に定めたのは、遠江・三河の二ヵ国領有時代のことであった。遠江からさらに東の駿河をねらうために、それまでの三河岡崎城から遠江の浜松城に出ていったのである。

五ヵ国の大名になったのが天正十年の終わりごろで、おそらく、そのころから家康は城を移すことを考えていたのであろう。ただ、この五ヵ国では、中心地というのが設定しにくかった。地理的な意味での中心といえば、現在の南アルプスの山中ということになってしまう。そこで、街道などのことも考慮に入れながら、新しい城地として駿府の地に白羽の矢が立てられたわけである。

秀吉からもう一歩距離を置き、しかも、同盟者北条氏政・氏直に一歩近づくわけで、それを私は「積極的に退く」と表現した。

家康が、具体的に駿府の地に入り、築城をはじめたのは、天正十三年七月十九日であった。

駿府城跡

秀吉が関白となったわずか八日後のことである。

同時に、天野康景と板倉勝重の二人を町奉行に任命し、駿府の町作りも急ピッチで進められた。

城は五ヵ国の太守《たいしゅ》にふさわしく大がかりなもので、それは、ただ領国支配の中心としての意味だけでなく、徳川・北条同盟を強く意識し、秀吉と戦うことになることを想定したものであった。そのため、平城ではあるが、石垣をしっかり積んだ堅固な城として築かれたのである。

翌天正十四年（一五八六）九月十一日、その日が吉日だったということで、まだ工事途中ではあったが、家康は駿府城に入っている。ある程度、本丸御殿ができあがったものと思われる。もっとも、この日は儀式的な入城で、実際に家康が駿府城で生活するようになるのは十二月四日からであった。

その後も築城工事は続けられ、翌天正十五年（一五八七）十月に本丸の堀が完成し、十一月に二の丸の石垣ができあがっている。そして、天守を含めて全工事が完成したのは何と天正十七年（一五八九）四月十日のことだったのである。

家康の対秀吉戦略の修正

実は、この駿府城築城工事期間、徳川・北条同盟は破綻《はたん》し、逆に、家康が秀吉に接近していく事態が生まれている。

徳川・北条同盟の立場からすれば、家康が変節したということになるが、それだけ、秀吉の調略の手が進んでいたことにもなる。よく、「人たらしの天才秀吉」などというが、秀吉は、小牧・長久手の戦い後、あの手この手を使って家康の懐柔を進めていたのである。

秀吉は、家康が居城を浜松から駿府に移したことを重視し、それを、徳川・北条同盟の強化とみていた。駿府城が堅固な城として築かれつつある様子を情報で得るにつけ、「何とか家康とは戦わずにすませたい」と考えるようになったのであろう。

駿府城築城工事がはじまってまもなく、秀吉による家康懐柔の働きかけが本格化していることは、その間の関係を示すものと思われる。

駿府城築城工事のまっただ中、天正十四年五月十四日、秀吉の妹朝日姫(旭姫)が家康のところに輿入れしてきた。

家康が天正七年(一五七九)のいわゆる「築山殿事件」で、正室築山殿を殺し、そのあと正室がいないのに目をつけ、押しつけてきたものである。周知のごとく、朝日姫は夫がおり、その夫と強制的に別れさせられた上での輿入れであった。

しかし、家康は、すぐには上洛しなかった。上洛すれば、関白としての秀吉に臣下の礼をとらなければならないことがはっきりしていたからである。

家康は、朝日姫を押しつけられても、まだ独立を保てると判断していた。徳川・北条、さらに伊達同盟がある以上、屈服させられることはないという判断である。

ところが、天正十三年に関白になったあとの秀吉は、天下統一の動きにはずみがつき、特に決定的だったのは、毛利輝元を豊臣政権に組みこんだことである。このことによって、家康が構想していた対秀吉戦略の軌道修正をせまられることになった。

秀吉は、生母大政所《おおまんどころ》を人質として家康のもとに送ってきた。結局、家康は大政所が三河の岡崎城までくるのと入れ違いのように上洛し、関白豊臣政権の天下統一事業への協力を申し出るのである。
こうして、〝徳川・北条連合軍独立構想〟の夢は幻と化してしまった。

＊『歴史群像』シリーズ51　一九九七年八月　学習研究社

天下人と城〈家康編〉

関東における三候補地

家康が、「秀吉のつぎをねらう」といった政権奪取の構想をいつごろから胸に秘めるようになったかはわからない。しかし、天正十八年（一五九〇）の小田原攻めの後、その論功行賞で、後北条氏の遺領ある関東に移ったころには、おぼろげながら、その芽のようなものはあったのではないかと考えている。

秀吉としては、煙たい存在であり、また、小田原攻めの最大の功労者である家康を後北条氏の遺領に転封するということは当然の選択だったといえるわけであるが、結果論としては、この選択は失敗だった。秀吉の立場に立てば、〝千慮《せんりょ》の一失《いっしつ》〟といってもよいくらいである。

おそらく、秀吉は、関東の歴史的風土というものを知らなかったのであろう。仮に、中央から距離を置く関東の歴史的風土を何らかの形で学習していれば、家康を関東にやることはありえなかったはずである。

歴史をひもとけば、古代、平将門が「新皇」と称し、短期間ではあるが、中央と手を切ったことがあり、源頼朝の鎌倉幕府も、はじめは東国軍事政権としてスタートしている。そして、近いところでは、下総《しもうさ》の古河《こが》（現在の茨城県古河市）に本拠を置いた古河公方《くぼう》が中央の室町幕府から独立した動きをしていた。

秀吉は、こうした歴史を知らなかったのであろう。知っていれば、あえて家康を、そのような政治的風土のところに転封するはずはない。

逆に、家康は歴史をよく学んでおり、こうした事実を承知していたと思われる。家臣たちの反対の声にもかかわらず、よろこんで転封に応じた家康の態度からもそのことがうかがわれる。

このとき、家康には、どこを居城とするかで三つの候補地があった。一つは、そのまま小田原城に拠《よ》るというものである。小田原城は焼けて落城したわけではなく、無血開城なので、「そのまま使いたい」といえば、それが通ったところである。しかし、家康は小田原城は選ばなかった。領国全体としては西に寄りすぎているということと、後背地（ヒンター・ランド）が少なく、大城下町を築くには適していなかったからである。

二つ目の候補地は鎌倉だった。家康は日ごろ鎌倉幕府の正史である『吾妻鏡《あづまかがみ》』を愛読しており、鎌倉幕府の創始者源頼朝に私淑していたので、まわりは、「家康様は鎌倉に本拠を置くつもりではないか」とうわさしあっていたようである。しかし、その鎌倉も選ばなかった。理由は小田原を選ばなかったのと同じである。

そして、三つ目の候補地としてあがっていたのが江戸だった。室町時代後期、名将として名の高い太田道灌が築城し、そのあと後北条氏の時代、小田原城の支城として江戸城が置かれていたところである。しかし、その江戸は、小さな城のある漁村といったイメージであった。

江戸と駿府　二城の〝天下普請〟

家康は、なぜ江戸を選んだのだろうか。一つは、背後に広大な武蔵野の原野が広がっており、無限の可能性を秘めた場所だったからである。そしてもう一つ、このころの家康が、秀吉とは距離を置いたところで独自の城を築きたいと考え、三つの候補地の中では、京・大坂から一番遠い江戸を選んだものと思われる。秀吉も江戸を勧めていたというので、両者の思惑は一致していたわけである。

ただ、天正十八年に江戸入りを果たしたばかりの家康が、はじめから巨大な江戸城築城をはじめられたわけではなかった。あくまで、豊臣政権の一大名であり、江戸城の築城時期、秀吉の伏見城の「手伝い普請」にも動員されていたので、江戸城にだけ力を入れるわけにはいかなかった。

家康の家臣松平家忠の『家忠日記』に、天正十九年（一五九一）四月に、家臣の知行一万貫につき五人の人足が割りあてられているので、その程度の、いわばそれまでの江戸城を拡張、改修する程度のものであったことがわかる。

江戸城の位置づけが大きく変わるのは、慶長五年（一六〇〇）の関ヶ原の戦いでの勝利と、それに続く三年後の慶長八年、家康が征夷大将軍に補任《ぶにん》され、江戸に幕府が開かれることになってからである。

翌九年、西国の諸大名に江戸城普請石材運搬の準備が命令されており、ここに、天下人家康の居城である江戸城の大がかりな築城がはじまったのである。つまり、秀吉のやり方を引きついで、家康も「天下普請」によって江戸城の築城に動きだしたことになる。準備に二年間を費《ついや》し、実際に工事に着手したのは慶長十一年（一六〇六）であった。それだけ大がかりな築城だったのである。

その間、家康は子の秀忠に将軍職を譲り、隠居の身となって大御所とよばれるようになった。そして注目されるのは、隠居城として駿府に新たに城を築いているのである。この時期、江戸城の普請と駿府城の普請が同時併行の形で進められていた。

隠居城というと、何となく小じんまりした閑居《かんきょ》の趣があるが、このとき、家康が駿府城を築かせた意図は、対大坂方戦略でもあったので、本格的な城であった。これも「天下普請」として取りくまれている。

家康は、「天下の権を握る者が最大の城をもつ必要がある」と考えていたので、最終的には、江戸城は大坂城を凌駕《りょうが》する規模と豪華さをもつよう設計されていた。事実、二代将軍秀忠の元和期、規模も建物も壮大さと華麗さを増し、名実共に天下一の城となっている。ちなみに、外郭総曲輪まで完成したのは寛永十三年（一六三六）のことで、三代四十七年にわたる大工事だったのである。

城が徳川政権という権力をゆるぎないものにしたといっても過言ではない。

＊『季刊歴史海流』一九九八年春号　海越出版社

徳川家康をめぐる謎50

1　人質時代の謎

①竹千代の教育者は誰か

竹千代（のちの家康）が生まれたのは、天文十一年（一五四二）十二月二十六日であるが、三歳の時には生母於大の方と生き別れとなっている。三歳まで、竹千代養育の任にあたったのは於大の方としても、その後は誰が竹千代の養育にあたったのだろうか。

六歳で織田信秀の人質として尾張につれていかれるまでの数年間は、竹千代の祖父清康の妹とされる於久の方という女性だったらしい。しかし、そのころはあくまで養育であって、教育ではない。

竹千代が本格的に教育を受けるようになったのは、八歳以後、すなわち駿府に人質となって以後のことである。駿府において、まず竹千代の養育者・教育者としてあらわれるのは、源応尼《げんのうに》という女性である。彼女は竹千代にとっては祖母にあたる人で、於大の方の母である。

死後、華陽院《けよういん》とよばれている。当時、駿府の智源院という寺におり、竹千代の手習いの相手をしたという。

しかし、竹千代の人格形成に最も大きな影響を与えたのは、やはり雪斎《せっさい》であったろう。今川義元の軍師として知られる太原崇孚《たいげんそうふ》その人である。臨済宗妙心寺派の本山妙心寺の住持にもなった名僧で、しかも軍略を身につけた傑僧であった。竹千代は雪斎のいる駿府の臨済寺で教えをうけたものと思われる。

②人質屋敷はどこにあったか

尾張の織田信秀のところに人質となっていた竹千代が、人質交換によって駿府につれていかれたのは、天文十八年の暮であった。この時、竹千代は八歳だった。では、今川氏の人質となって駿府に行った時の人質屋敷はどこだったのだろうか。

各種史料によって記述の仕方がまちまちであり、たとえば、『松平記』では「宮の前に御屋敷あり』と記し、『武徳編年集成』は「宮ヶ崎」としている。この「宮の前」あるいは「宮ヶ崎」から、江戸時代の地誌編纂者は、駿府の宮ヶ崎《みやさき》（現在の静岡市葵区宮ヶ崎）にある報土寺という寺の付近を想定したのである。

ところが、大久保忠教《ただたか》（彦左衛門）の著わした『三河物語』には「駿府の少将の宮の町」とあり、「宮の前」にしても「宮ヶ崎」にしても、その「宮」は浅間神社をさすのではなく、「少将の宮」という神社をさすことが明らかであり、これは少将井社《しょうしょういしゃ》のことで、江戸時代には駿府城の南端の位置にあったことが指摘されている。

したがって、竹千代の屋敷は、現在の静岡市のバスの始発となる新静岡センターの近くだったことがうかがわれるのである。

③少年時代のエピソードは事実か

のちに征夷大将軍となり、また、死んでは「東照神君」として江戸時代を通じて特別視されたため、いかにも小さいころから家康が並の人物でなかったことを伝えるエピソードが多い。

たとえば、安倍川の河原における石合戦を見ていて、他のものたちは、人数の多い方が勝つと予想したのに、竹千代一人、少勢の方が勝つと予想し、竹千代の予想通りになったことが伝えられている。これなどは、家康の先見の明が、すでに少年時代からつちかわれていたという具体例として、よく引き合いに出されている。

また、正月の駿府の今川館における年賀の挨拶の際、今川の家臣たちは竹千代のことを知らず、「誰だろう」とヒソヒソ話しているのが聞こえ、中に「あれは松平清康の孫じゃないか」とか、「そうではあるまい」などという者があった。すると竹千代が突然、縁先《えんさき》から放尿し、並みいる諸将を驚かし、豪胆ぶりをみせたなどというのもある。

これらのエピソードの中には、いかにも小さい時からすぐれていたということを強調するために創作されたと思われるものもあるが、まったく荒唐無稽な話ばかりではなかったように思われる。

④いつ元服したか

竹千代の元服は、ふつう弘治元年（一五五五）三月のこととされている。その年、竹千代は十四歳である。

ところが、竹千代元服の年については異説もあり、家康伝記として知られる『武徳編年集成』『武徳大成記』をはじめ、『三河記』や「創業記考異」などには翌弘治二年、すなわち、竹千代十五歳のこととしているのである。

ふつう、元服の年は十五歳が一応の目安とされていた。しかも、弘治二年までは竹千代から改名した名乗り（実名《じつみょう》あるいは諱《いみな》という）が見られないことから弘治二年説も成り立つが、徳川幕府編纂の家康伝の決定版ともいうべき『朝野旧聞裒藁《ほうこう》』で弘治元年説をとっているので、それに従っておく。

なお、元服して名を松平次郎三郎元信《もとのぶ》と改めている。元信の「元」という字は、いうまでもなく今川義元の「元」の字で、義元の偏諱《へんき》をうけたものである。

元服の式は駿府の今川館で行われ、加冠は今川義元、理髪の役は関口義広であった。翌々弘治三年に、元信はこの関口義広の娘と結婚するが、今川氏側にはすでにそうした意向があったともみられる。なお、この時、元信は義元から大小刀も与えられている。

⑤初めて発給した文書は何か

元服したことによって、元信は政治的には一応一人前の扱いをうけることになるが、義元はまだ元信を岡崎城にはもどそうとしなかった。広忠亡きあと、確かに松平宗家《そうけ》の跡継ぎではあるが、人質として確保しておくことが義元にとっては重要だったからである。

それでも、元服の翌年の弘治二年、父広忠の法要と、墓前に元服のことを報告するため、一時的に岡崎へもどることが許された。五月ころのことという。

岡崎城にもどった元信が義元家臣のいる本丸に入らず、二の丸に入ったことはよく知られているが、この滞在中、元信は領国経営のことにたずさわったらしい。

今日、元信の自署の発給文書として知られる初見のものは、弘治二年六月二十四日付、大仙寺俊恵蔵主宛の寺領寄進状ならびに禁制である。

この文書は焼失して現存しないが、花押ではなく、印文未詳の黒印状で、寄進状と禁制が一通に収められているという珍しい形式であることは、注目しておく必要があろう。

なお、弘治元年五月六日付で石川忠成ら五人の元信家臣が、淵上大工小法師に与えた大工跡職安堵状は、元信自署の文書ではないが、元信の意をうけて出された文書ということになる。

⑥初陣の活躍は事実か

元信の初陣は永禄元年（一五五八）二月のことである。この年、元信は十七歳となっており、武将の初陣としては、別に早すぎるわけでも遅すぎるわけでもない年齢である。

この時、元信は再び岡崎城にもどり、岡崎衆を率いて加茂郡寺部城主鈴木日向守重辰（『徳川実紀』「東照宮御実紀」は重教とする）を攻めることになった。今川義元にしてみれば、三河からさらに尾張へ駒を進めるのに、駿河・遠江の兵を使わないですまそうという考えがあったのである。

なお、この時、元信は松平譜代の部将を集めて軍議を開いたが、その席上、「敵この一城にかぎるべからず。所々の敵城よりもし後詰せばゆゝしき大事なるべし、先枝葉を伐取て後、本根を断べし」といって、老臣たちを感心させている。おそらくこうした軍略的なことがらは、義元の軍師である雪斎から教えをうけたものであろう。

ところで、この元信の初陣ぶりがあまりにみごとであったことから、のちに「家康替え玉説」が生まれることになった。つまり、人質の竹千代と、初陣以後の元信は別人だというものである。しかし、元信が竹千代の成長した姿であったことは疑問の余地がないのではなかろうか。

⑦元信から元康へ改名したのはなぜか

弘治二年六月にはじめて文書を出してから、元信の発給文書はいくつか見られるようになる。

ところが、その署名を見ていくと、弘治三年十一月十一日付の浄妙寺宛の文書が元信となっているのに対し、翌永禄元年七年十六日付の六所明神宛の文書では「元康」と署名してある。つまり、元信は、弘治三年十一月十一日から翌永禄元年七月十六日までの間に名を「元康」と改めているのである。

『徳川実紀』巻二に、「翌年（弘治三年）の春にいたり駿府へかへらせたまひぬ。御名を蔵人元康とあらためたまふ。これ御祖父清康君の英武を慕はせられての御事とぞ聞えける」とあり、弘治三年春改名というのは、その年十一月まで元信と名乗っている徴証があるので何かの間違いと思われるが、改名の理由はその通りだったものと思われる。

そこで問題なのは、改名が初陣の前なのか後なのかということである。元信としては、祖父清康の武名の高かったことにあやかろうと改名を決意したものかもしれない。あるいはまた、初陣の功により、義元から改名の許可をもらったのかもしれない。

⑧「義元討死」の報をうけたのはいつか

永禄三年の桶狭間の戦いの前日、元康は今川方の前衛で、尾張の織田領に深く入りこみ、大高城に兵糧を入れるという重大な任務を帯びていた。

元康は奇計をもってそれを無事やりとげ、さらに義元の命により、鵜殿《うどの》長照に代わって大高城を守ることになったのである。一方の旗頭として急速に頭角をあらわしてきたことがこれによってもわかる。

ところが、五月十九日の午後二時ごろ、義元が織田信長の奇襲によって桶狭間で殺されてしまった。これによって今川軍二万五〇〇〇は蜘蛛の子を散らしたように駿河・遠江めざして敗走を始めたのである。

元康のもとに「義元討死」の第一報が入ったのは、すでに夕方になってからで、今川軍があらかた敗走してしまった後であった。大高城が織田領にかなり入っていたという地理的条件による。

義元が討死し、今川軍が敗走してしまった以上、元康としても大高城にとどまることは危険であった。

そこで二十日、兵を岡崎の大樹寺まで引き、岡崎城から今川の兵が引くのをまってはじめて城に入ったのである。

2　三河・遠江平定時代の謎

⑨なぜ信長と結んだか

桶狭間における今川義元の死によって、元康は十二年間の人質生活に終止符をうち、独立的な行動をとることになる。岡崎城にそのままとどまり、駿府城にもどらなかったことが、元康の気持を正直に表現している。

しかし、元康の妻築山殿は義元の姪であり、いうなれば元康は今川一門格の部将であった。そこで、まず、義元の嫡子氏真に弔い合戦をすすめたのである。兵力差からいえば、今川氏に勝算は十分あったが、氏真は立ち上がろうとはしなかった。

西三河の岡崎城は、今川領としては最も西のはずれに近く、そのため織田信長の脅威を最も受けやすい場所でもあった。

その信長からの働きかけがあったのである。もっとも、この背景になったのは、元康の生母於大の方の兄水野信元の動きであった。信元は信長に対し、元康を味方とするよう説得したのである。信長の使者が元康の家臣石川数正《かずまさ》のもとを訪ね、元康との和睦を申し入れてきた。

元康にしてみれば、その申し出を断われば信長に攻められることは、火を見るよりも明らかであり、肝心の氏真が動こうとしない以上、安全な道を選択せざるをえなかったのではないかと考えられる。

⑩信長と初めて会ったのはいつか

六歳の竹千代が尾張の人質となって熱田に抑留されていたころ、竹千代と信長とが会ったであろう可能性は高い。しかし、確実に会ったという記録は残されていない。

永禄三年の桶狭間の戦い後、元康は今川氏から独立する動きをみせ、それに応じて織田信長からも同盟の誘いかけがあった。信長としても、美濃の斎藤氏と戦うために、背後となる三河を安泰にしておきたかったのである。

しかし、永禄四年段階においては、信長と元康の対面ということはなかったらしく、使者の行き来によるものであったようである。

具体的に元康が信長のもとを訪れ、盟約を結んだのは永禄五年正月のことで、『武徳編年集成』巻五によれば、元康が清洲城に信長を訪れた時、信長は「和儀早速御許諾欣然タリ、此上ハ両旗ヲ以テ天下一統スベシ、今ヨリ水魚ノ思ヲナシ、互ニ是ヲ救ン事聊《いささか》モ偽リ有ベカラズ」といって起請文を記し、この起請文を水にとかして信長、元康が飲んだという。

起請文を焼き、その灰を水にとかして飲むことは、古来の誓詞のやりとりの方式にのっとっており、そのようなことが行われたと思われる。

⑪家康を名乗ったのはいつか

今川義元が死に、今川氏真とも絶った元康にとって、いつまでも元康という名を名乗ることは不本意であった。というのは、義元の「元」の字をつけられた屈辱の歴史があるからであり、早く今川氏の絆《きずな》から解放されたいと考えていたからである。

もっとも、元康から家康への改名がいつなされたのかという点に関しては諸説があり、早いものでは永禄四年とするものがあり、『徳川実紀』巻二は、何を典拠としたのか明らかではないが、永禄五年のこととして、「君ことし御名を家康とあらため給ふ」としている。

しかし、『徳川実紀』が永禄五年としたことは何かの間違いで、「元康」と署名した文書が永禄六年六月まで見られることからすれば、永禄六年六月以降の改名であることはいうまでもない。

ちなみに、「家康」という名が文書の署名にはじめて見えてくるのは同年の十二月七日で、したがって、永禄六年六月以降十二月七日までの間に改名したことがわかる。『徳川幕府家譜』は改名を七月六日としており、その根拠は明らかでないが、そのころとみれば矛盾はないようである。

⑫三河一向一揆にどう対処したか

今川義元による三河支配の段階では、三河の寺社に対して、一向宗（浄土真宗）寺院も含めて比較的優遇措置をとっていた。しかし、家康支配になると、それは急変し、寺社勢力、特に一向宗寺院と家康との間に敵対関係が見られるようになったのである。

今日、三河一向一揆の蜂起の理由について、いろいろな考え方があるが、そのどれが正しく、どれが誤りというのではなく、ある意味では、どこにも一触即発の危険がころがっていたということになる。

この三河一向一揆において、家康が最も頭を悩ましたのは、家康家臣の中に、一向宗門徒がおり、一揆側に加わっている者が多数いたことである。中には、何くわぬ顔で家康の軍議に加わっておりながら、いざ合戦という際には一向一揆側になり、家康に鉄砲を向けるものも出る始末であった。

この時、家康は一揆勢と闘い、そのうちに一揆勢に加わっていた門徒武士が家康に降服するようになった。このことによって、門徒農民の団結も崩れていったのであるが、家康は門徒武士のかなりの部分の帰参を許している。それは、松平武士団の弱体化を招かないようにしようとの配慮だったことはいうまでもない。

⑬戦国大名として認められたのはいつか

戦国大名というのは、なかなか定義のむずかしい言葉である。大は関東の後北条氏や中国地方の毛利氏のように十ヵ国近くを領有する大きな戦国大名から、小は一国すら保てず、二郡か三郡程度にしか領国制を展開しえないようなものまであった。

よくいわれるように、守護大名と戦国大名の違いは、荘園制を認めるのか認めないのか、幕府を絶対の権力と見るか見ないかにかかるわけであるが、荘園制との関連でいえば検地の施行が一つの指摘となり、もう一つは分国法（戦国家法）の制定ということになる。

さて、松平氏の場合、いつの時点をもって戦国大名になったのかを確定することは、非常にむずかしい。それは、検地も、分国法の制定もみられないからである。松平氏のように、国人領主から戦国大名に転化していったケースの場合、ことにむずかしいといわざるをえない。

一説に、家康の祖父清康の段階をすでに戦国大名とよんでいる場合があるが、氏真と絶ち、信長と結んだころ、一応、松平氏が戦国大名権力として成立し、永禄六年から七年にかけての一向一揆との戦いを経て、つまり勝利して戦国大名権力が確立したものと見たい。

⑭なぜ徳川を名乗ったか

永禄九年十二月二十九日、松平家康は勅許を得て、松平姓をやめ、徳川姓になった。各種史料はこのことを「復姓」といい、先祖が名乗っていた徳川姓にもどったものというように解している。

果たして、そのように理解してよいものであろうか。家康の祖が松平郷という土地の名を苗字とする土豪であったことはまぎれもない事実である。それを徳川に変えるというわけなので、そこには家康なりの計算があったものと思われる。

その計算というのは、叙位任官のためには、松平姓では思うようにいかないという事情があったことである。この時代、源平藤橘につらなることが朝廷の官職につく場合に必要で、誓願寺の僧慶深《けいしん》を動かし、関白近衛前久、神祇官吉田兼右《かねみぎ》らに賄賂を贈り、改姓の勅許にもちこむことに成功したのである。

ところがその後、家康は、藤原姓の武士が天下を取ったことがないことに気づき、また、源平交代思想というものを意識するようになった。将軍足利氏は源姓、織田氏が平姓、そのあとの政権は源姓でなければならないということで、天下取りを意識する段階になって、あらためて源姓新田一族徳川氏への改姓となったのである。

⑮信玄との間の駿遠分割の約束は本当か

三河を統一した家康は、さらに遠江をもうかがいはじめた。しかも、ちょうど同じころ、甲斐の武田信玄も駿河への侵出を開始したのである。

こうして今川氏真は、西から徳川家康、東から武田信玄に攻められ、永禄十一年十二月、ついに駿府を逃げ出し、掛川に逃げたが、そこを今度は家康に攻められ、翌十二年五月、氏真は降服し、後北条氏を頼って伊豆へ逃れていった。ここに今川氏は滅亡した。

さて、今川氏が駿河・遠江からいなくなったあと、当然のことながら駿河・遠江をめぐる争奪がはじまるわけであるが、永禄十一年十二月、信玄と家康との間に、大井川を境として、信玄が駿河を、家康が遠江を切り取り次第に領有するという密約が成ったという。

事実、その後の歴史展開はそのようになっているわけであるが、一説に、こののち、武田氏がしばしば遠江を侵していることから、このときの密約は、ただ「川を境にして」ということで、信玄の方では川を天竜川と考え、家康の方では大井川と考えていたというが、どうであろうか。ともあれ、家康の遠江攻めで、またたく間に今川氏旧臣のほとんどは家康に属することになった。

家康像（浜松城公園）

⑯浜松城を居城としたのはなぜか

松平氏＝徳川氏にとって三河の岡崎城はまさに本貫地の居城であった。しかし、今川氏の滅亡により、遠江までがほとんど手に入るようになると、三河の、しかも西三河の岡崎では、領国全体から見て西に片寄りすぎていた。

そこで城を移すことになったわけであるが、その発想は信長の影響を受けたものと思われる。というのは、信長は領土が拡大されると、その拡大された部分に城を築き、そこを本拠にしているからである。

この時の家康による岡崎から浜松への移城も、まさにそれであった。岡崎城から浜松城に家康が移ったのは元亀元年（一五七〇）六月のことである。もっとも、これには異説もあって、同年正月ともいい、この点はどうも明らかではない。

さて、家康が遠江において浜松に目をつけたのはなぜであろうか。はじめ家康は、古代の遠江の国府のあった見附（現在の磐田市）に城を築こうとし、城も築きかけたが、突然その工事を中止させ、当時、引間（曳馬とも引馬とも書く）とよばれていた浜松に城を築いたのである。引間の地が、宿駅として栄え、流通経済上の中心地だったからといわれている。

⑰なぜ謙信と結んで信玄と絶ったのか

家康の同盟関係を見ると、常に信長との同盟が軸になっていたことがわかる。したがって、大井川を境にして、駿河を信玄が、遠江を家康が取るという密約にしても、信長と信玄が同盟を結んでいる時期だったから可能だったのである。

ところが、元亀元年、信長が越前の朝倉義景を攻め、近江の姉川で浅井長政・朝倉義景と戦う段階になって雲行きはおかしくなりはじめた。つまり、石山本願寺を中心とする反信長統一戦線ともいうべきものが結成されたからである。

信長が信玄と手を切った以上、家康もそれまでのような信玄とのあいまいな関係を続けているわけにはいかなくなった。その年十月八日、家康は上杉謙信に書を送り、信玄と絶つことを明言している。この家康・謙信の同盟は、いわゆる遠交近攻策型の同盟である。遠く離れた家康と謙信が手を結び、間にはさまれた信玄を討とうという構図である。

しかし、まだ弱小の家康にとって、信玄と手を切ったことは大きな犠牲を生むことでもあった。元亀三年の三方原の戦いで、家康が信玄のために手痛い敗北をこうむったのがそのよい例ということになる。

3　五ヵ国領有時代の謎

⑱家康が穴山梅雪を殺したというのは本当か

天正十年（一五八二）三月一日、信玄・勝頼二代に仕え、しかも駿河の江尻城をまかされていた穴山梅雪《ばいせつ》が、家康の勧降工作によって味方となった。

家康はこの梅雪を案内役として駿府から甲斐に攻め入り、信長の軍勢も信濃の方から甲斐にせまり、ついに勝頼は田野《たの》で自刃してしまった。武田氏の滅亡である。

この時の論功行賞で、家康は武田旧領のうち、駿河一国を与えられることになった。駿河・遠江・三河の三ヵ国といえば、ちょうど自分が人質となっていたころの今川義元の勢力とまったく同じである。

そこで家康は、帰参を許された穴山梅雪をともない、駿河を与えられた御礼言上のため安土におもむいたのである。信長は上機嫌で、「京都・堺を見物していくとよい」といい、家康と梅雪はその勧め通り、京・堺見物に出かけた。

本能寺の変が起こった時、一行は堺で遊んでいた。家康は伊賀越えの間道をとって三河に帰ることができたが、梅雪は宇治田原で野伏《のぶし》の襲撃にあい、殺されてしまった。『老人雑話』などでは家康が殺したとしているがどうであろう。甲斐攻めに梅雪が邪魔になると判断したと考えたのであろうが、その時点で家康は甲斐への侵攻は考えていなかったものと思われる。

⑲なぜ甲斐・信濃を手に入れることができたか

信長が本能寺で討たれた時、家康は堺で遊んでいたため、信長の弔い合戦には秀吉に出遅れてしまった。それでも態勢を整え、軍勢をひきつれて上洛しようとしたところ、尾張の鳴《なる》海《み》まで進んだところで、山崎の戦いで光秀を討ったことを伝える秀吉の使者と会い、家康はそのまま兵を引き返した。

ところで、武田の旧領のうち駿河は家康の領するところとなったが、それ以外は信長家臣の領有となっていたのである。まだ武田滅亡後、日が浅く、支配体制がしっかりしていなかったところへ信長の死という突発事故が発生し、甲斐・信濃は大混乱におちいったのである。特に甲斐などは、治めていた河尻秀隆が土豪の一揆に殺されてしまうといった状態だった。

それを見てチャンス到来と考えたのが家康と北条氏直であった。ともに駒を進め、甲斐の若神子《わかみこ》というところで対陣することになり、結局、氏直のところに家康の娘督姫《とくひめ》を嫁がせるということで両軍は講和を結び、家康が甲斐を押さえることになったのである。

その後、氏直は上野《こうづけ》方面を、家康は信濃に駒を進め、またたく間に甲斐・信濃を配下に収めることに成功したのである。

⑳なぜ武田遺臣を登用したのか

家康が三河一国の戦国大名だった段階では、当然のことながら三河譜代の家臣だけでこと足りていた。

ところが、武田氏滅亡とそれに続く本能寺の変の余波で、駿河・遠江・三河・甲斐・信濃の五ヵ国の大名ともなると、三河譜代だけでは不足をきたす。そこで井伊直政のように、今川旧臣の子を登用したりして家臣団の充実を常に図ってきたのであった。

武田遺臣についても同じである。この点が家康と信長の大きくちがうところで、信長は遺臣の採用にはかなり消極的であった。そこで遺臣たちの反発にあったりもするのである。

家康は、むしろ遺臣を上手に使い、新征服地の支配がスムーズに進むよう常に心がけていたようで、武田遺臣についても同様だった。特にこの点で有名なのは「甲信両国諸将起請文」で、天正十年八月二十一日から十二月十一日にかけて、何度かに分けて、武田遺臣八百余名の起請文をとり、臣従することを誓わせているのである。

家康は、特に武田遺臣の中でも勇将のほまれ高かった山県隊をそのまま井伊直政に預け、以後、この隊は井伊の赤備えと呼ばれ有名になったのである。

㉑秀吉との関係はなぜ悪化したのか

家康は信長の同盟者だったので、信長の家臣との関係は直接的にはなかった。ところが、信長遺臣のうち、山崎の戦いで明智光秀を討ったことにより急に成長してきた羽柴秀吉との間に、だんだんと問題を生じていくことになる。

とはいえ、まだ賤ヶ岳の合戦のころは、家康が秀吉に戦勝の祝いの品を贈っているくらいなので、両者の間は友好関係が保たれていたことになる。この関係が崩れたのは天正十二年のことであった。

つまり、秀吉の手が織田信雄の周辺にまで及んできたときのことである。もっとも、家康としては、秀吉が織田信孝を自殺に追い込んだあたりから警戒の念をもちはじめていたのであるが、秀吉が信雄の家臣津川義冬・浅井田宮丸・岡田重孝らの抱き込みを図ったことで、信雄と家康が結ぶことになった。

家康としてみれば、そのころ信長の遺児たちをないがしろにし、専横的ふるまいが見られるようになった秀吉に対し、いわば、歯どめをかけるために、信雄と結んだといってよい。家康には、後北条氏、長宗我部氏ら反秀吉勢力を糾合し、秀吉包囲の態勢をつくる成算があったものと思われる。

㉒小牧・長久手の戦いが長びいたのはなぜか

戦国の合戦というのは、城攻めを除けば、大抵の場合、短時日で結着がついているが、天正十二年の小牧・長久手の戦いは純然たる野戦でありながら、何と八ヵ月もの長きにおよんでいるのである。では、小牧・長久手の戦いが容易に結着がつかなかったのはなぜであろうか。

この時の戦いを兵力差で見ると、圧倒的に秀吉軍が優勢であった。すなわち、秀吉軍十万に対し、信雄と家康軍はわずかに一万六、七〇〇〇人といわれている。しかも、家康の場合、その数は農兵を入れての数である。文書ではっきりしているのは、現在の焼津市方《かた》ノ上《かみ》の場合であるが、百姓を大量動員していることが知られている。

にもかかわらず、秀吉軍は信雄・家康連合軍に手こずった。この点はやはり家康の軍略であろうと思われる。たとえば、小牧・長久手の戦いで唯一といってよい激戦、すなわち四月九日の長久手の戦いでは、秀吉軍は家康に裏をかかれ、森長可・池田恒興らを失っているのである。

秀吉にしてみれば、下手に動けば部将を失うという心配があり、結局は、得意の調略によりまず信雄との単独講和にもっていくことに成功したのである。

㉓なぜ駿府を本拠としたか

天正十四年、家康はそれまでの居城浜松城から、新たに築いた駿府城に本拠を移した。いうまでもなく駿府は戦国大名今川氏が本拠としていたところで、駿河の政治・経済の中心地であった。

問題なのは、なぜ家康がこの時期、駿府に本拠を移したのかということである。一説に、小牧・長久手の戦い後、いわば秀吉に臣従する形になった家康が、秀吉に遠慮し、一歩退いた形で大坂より少し離れて駿府を城地に選んだという。

しかし、この説の積極的根拠となるものはない。

むしろ家康の駿府築城を消極的なものではなく、積極的にとらえる方があたっているように思われる。というのは、家康の場合、信長に学んで新領土を獲得した段階で城を最前線に移すという傾向が見られるからである。

すなわち、家康は駿河・遠江・三河・甲斐・信濃を領するようになった段階で、居城をその五ヵ国支配に最も適した場所に移そうと考えたのではなかったろうか。

五ヵ国の自然地理上の中心は南アルプスの山の中であるが、甲州にも近いという点で、人文地理的には駿府が最適地であった。

㉔小田原攻めで先鋒をつとめたのはなぜか

家康は後北条氏と同盟を結んでいた。そのため、徳川領と後北条領との境目にある沼津城を破却しているほどであった。また、自分の娘を北条氏直に嫁がせているので、この同盟はかなり強固なものだったとみてよい。

ところが、天正十六年ごろから、雲行きがおかしくなってきた。秀吉と北条氏政・氏直の間が緊張の度を加えていったからである。秀吉と家康は同盟を結んでいる。家康と北条氏政・氏直父子は同盟を結んでいる。しかし、秀吉は北条氏政・氏直父子を攻めるという。ちょうど間に立ち、板ばさみの状態になったのが家康で、家康としては秀吉側に立つのか、後北条氏側に立つのかの二者択一をせまられることになった。

そこで家康は、人質時代、やはり後北条氏から人質として送られてきていた氏規《うじのり》とが隣り合わせだった縁から、氏規と連絡をとり、秀吉への謁見（すなわち降伏）を勧めたのである。

しかし、家康の勧告も無視され、後北条氏は秀吉との戦いの準備をはじめ、ついに家康も後北条氏との同盟を破棄した。同盟を破棄すると、家康が後北条氏の内部事情に明るく、また距離的にも最も近い。秀吉も家康の忠誠心を試す絶好の機会だったのである。

㉕家康・信雄謀反の噂は本当か

小田原攻めの時、秀吉は大軍を率いて東海道を下ったが、途中、駿府城に入った。すでにその時点では家康は先鋒をつとめて出陣しており、家康の家臣の中には、「自分たちの留守の城を秀吉ごときに貸すのは、妻を他人に貸すようなものだ」といって非難する者も出る始末であった。

家臣たちの中に、秀吉の下に属すのを快く思わない者がいたことは事実であったろう。

そんな空気が反映されてか、あるいは小牧・長久手の戦いの余韻があったものか、「家康と信雄が手を組んで、後北条氏と結んで秀吉を亡きものにしようとしている」という噂が流れていた。

秀吉もいつしかそれを耳にしたらしく、駿府城を出て、浮島原（現在の富士市と沼津市の間あたり）に到着した時、出迎えにでた家康・信雄にいきなり刀で斬りつける格好をし、「家康・信雄に謀反ありと聞く、一太刀参ろうぞ」と叫んだという。

信雄はうろたえたが、家康は落ちついて、「殿が太刀に手をかけられた、みなことほぎたまえ」といって周囲を笑わせたという。

家康自身には謀反の気などなかったと思われるが、家臣の中には、家康の気弱さを快く思わない蛮勇の士もいたのである。

4　江戸移封〜将軍時代の謎

㉖朝鮮の役に渡海しなかったのはなぜか

文禄元年（一五九二）からはじまった文禄の役、さらに慶長二年（一五九七）からはじまった慶長の役の軍役《ぐんやく》は、諸大名に「際限なき軍役」といわれるほど重いものであったが、家康はこの両方とも、渡海をまぬがれているのである。それはなぜだったか。

よく引き合いに出されるのは『常山紀談』が伝えるつぎのようなエピソードである。すなわち、家康のもとに秀吉からの使者がきて、朝鮮への渡海を進言したときのことである。家康は書院にすわって何も答えなかったが、そばにいた本多正信が「殿には渡海されますか」とたずねたところ返事がなく、正信が同じことを三度までたずねると、家康はおもむろに口をひらいて、「箱根を誰に守らせるのか」と答えたという。

家康自身、自分の役割を承知していた発言ともとれるが、これが事実だったとしたら、秀吉政権にやや独自的な立場をとっていたことがうかがわれよう。

しかし、朝鮮の役に家康が渡海しなくて済んだのは、家康の意志というより、むしろ、小田原攻め・奥州攻めに先鋒となって働いたので、それを勘案しての一種の優遇措置とも考えられるのである。

㉗なぜ江戸より伏見にいる期間が長かったか

天正十八年八月、江戸城に入った家康であるが、その後の所在地の一覧表を作ってみると、意外に江戸在住の期間が短いことに気がつく。特に文禄四年の半ばすぎからは、江戸にいる期間が極端に少なく、むしろ伏見に在住した期間が多くなっている。

その理由はいくつかあるが、秀吉政権の中に占める家康の比重が高くなっていったことの反映であることはいうまでもない。特にそのことを決定づけたのが文禄四年七月のいわゆる「秀次事件」である。これは周知のように関白秀次が、秀吉によって高野山で自殺させられた事件で、実子秀頼が生まれたことにより、後継者とされた秀次の追い出し策であった。

この秀次切腹の波紋は大きく、秀吉政権の屋台骨をゆるがすだけの可能性をもっていた。

家康が上洛したのは、この時、秀吉が諸大名の動揺を警戒し、諸大名の上洛を求めたからである。

以後、家康はしばらく伏見に在住し、直接、政治にタッチする機会がふえていったわけであるが、秀次切腹に際し、家康・前田利家・宇喜多秀家・毛利輝元・小早川隆景の五人が単独で血判の起請文を出しており、この五人が他の一般大名とは別格に扱われはじめていたことを物語る。

㉘五大老の中での位置はどのようだったか

秀吉政権の職制として、五大老と五奉行ということがよくいわれるが、これが職制として定められたのは意外に遅く、なんと秀吉の死の直前だったのである。全国統一を成し遂げた秀吉が、死ぬ直前までこれといった職制をもたなかったことは、秀吉政権の性格を考える場合、見落とすことができない点である。

さて、この五大老は、家康・前田利家・毛利輝元・小早川隆景・宇喜多秀家の五人であった。このうち小早川隆景は慶長二年に死んだので、上杉景勝に代わっている。この五人がまったく対等の地位にあったと考えるとまちがいで、やはり家康と利家の二人が別格であった。

それは、たとえば秀吉が死んだ直後、秀吉の喪を秘したまま家康と利家が、渡海している諸将に撤退命令を出したことからも明らかである。

秀吉から委託された政務代行の任務を最も忠実に遂行していったのは家康で、それと同時に、他の四大老を傀儡化していく方向をも志向していった。つまり、五大老の合議制を弱体化させていったのである。

㉙石田三成をなぜ佐和山へ送り届けたか

慶長四年閏三月三日、五大老の一人の前田利家が死んだが、利家の死はそれまでかろうじて保たれていたバランスが崩れる結果となった。

つまり、その夜、加藤清正・黒田長政・浅野幸長・福島正則・池田輝政・細川忠興・加藤嘉明のいわゆる七将が三成を殺そうと襲撃を企てた。

四日、三成は脱出して家康のふところに飛びこんできた。もちろん七将は家康に三成の処断をせまったが、その時、家康は三成を殺さなかったのである。

なぜかといえば、その時点で三成を殺してしまえば、確かに三成を除くことはできるが、得られるのはそれだけで、その後、家康の最終目標である豊臣家に代わって天下を治めるという理想からは離れてしまうことが明らかだったからである。

そこで、家康はしばらく三成を自邸にかくまい、ほとぼりのさめた閏三月十日、結城秀康を護衛につけて、三成をその居城である近江佐和山城に送り届けたのである。

このことは、五奉行一の実力者三成の実権を奪ったことをも意味した。

㉚会津討伐を行なったのはなぜか

上杉景勝は謙信の養子である。小早川隆景の死後、五大老の一人に加えられる実力者の一人であった。そのころは越後の春日山を去り、会津若松を本城としていた。ところが景勝の場合、五大老とは名ばかりで、越後から会津へ国替えの後、領内の仕置《しおき》と称し、秀吉が死んだときに上洛しただけで、会津に閉じこもったきりであった。この点、同じ五大老でも、伏見・大坂にいて実際に政務をとった家康や利家などとは大いに異なる。

しかも、領内の城や砦を固めるなど独自な動きをあらわにしはじめていた。そのうち、景勝と石田三成とが次第に手を結ぶようになり、東西呼応して家康挟撃の作戦をとるようになった。家康としても、そのまま景勝をほおっておくわけにはいかなくなったのである。

それだけではなく、家康には、自分が有利な状態で三成を挙兵させることが必要だったわけで、会津討伐はいわばその誘い水でもあった。
事実、家康の軍勢が下野小山まで進んだ時、三成が挙兵したのである。

㉛なぜ二条城を築いたか

関ヶ原の戦いで西軍を破ったとはいっても、あくまで石田三成らの勢力を豊臣政権中枢から追っ払ったというにすぎない。依然として秀頼はそのまま大坂城にいるし、家康も「天下の家老」にすぎなかった。

関ヶ原合戦後、家康が着手しはじめた仕事の一つが二条城の築城であった。この時点で、家康が京都に行った時の滞在場所として内野に屋敷があり、また伏見城の再建にもかかっており、不足はなかったはずである。ところが、あえて家康は二条城の造営をはじめた。それはなぜだったのだろうか。

二条城は慶長六年十二月から築城工事がはじめられたが、家康が二条城に入ったのは将軍宣下の直後である。この点が二条城築城の真相を解く鍵であるように思われる。

つまり、家康は、征夷大将軍になることを想定し、将軍になったあかつきの、朝廷との正式な交渉の場として二条城を築いたものと考えられるのである。

なお、それだけではなく、依然として一大勢力をもつ大坂城の豊臣方に対する備えとしての意味も負っていたことは確かである。

5　大御所時代の謎

㉜秀忠に将軍職を譲ったのはなぜか

慶長八年（一六〇三）二月十二日、家康は念願の征夷大将軍となり、江戸に幕府を開いた。いわゆる江戸時代の開幕である。ここに至り、それまでの秀頼との力関係は逆転することになったのである。以後、政治の中心は江戸に移った。

ところが、家康が将軍になってわずか二年しかたたない慶長十年四月、世間を驚かすことが起きた。家康が将軍職を子の秀忠に譲りたいと朝廷に奏請したのである。

この年、家康は六十四歳になっていたので、第一線からの引退としては、まずまずの年ではあった。しかし、大坂城の秀頼との関係を考えると、家康の隠居ということは、徳川家にとってマイナスになるという印象を与える。

しかし、家康の考え方はちがっていた。むしろ積極的な引退だったのである。そのころ、世間では、というより大坂方では、「家康が将軍になっても、それは家康一代かぎりのもの、秀頼が成人すれば、家康は政権を秀頼に返す」という暗黙の了解、ないしは期待があった。

ところが、家康は将軍職を早目に秀忠に譲り、将軍職は徳川家が世襲するもの、秀頼には政権を返す意志がないことを天下に示したのである。

㉝駿府城で火事が何度もおきたのはなぜか

現在でも静岡は火事の多いところである。何度か大火にも見舞われている。しかし、家康が駿府城を隠居城としていた、いわゆる「大御所時代」の駿府城における火事は異常な頻度である。

もちろん、その全部が全部不審火というわけではなく、慶長十二年十二月の建築途中で完成間近の天守閣まで焼きつくしてしまった火事は、奥女中の火の不始末であったが、出火原因のわからない火事もかなりあった。

ある時には、放火の現行犯ということで捕えられた奥女中が、火あぶりの刑に処せられたこともあった。大坂方の忍者、あるいは家康にうらみをもつ者が放火した場合も多かったようである。

そのため、駿府城は何度も建て直され、慶長十三年に再建された天守も、家康死後であるが、寛永十二年（一六三五）に焼失してしまっているのである。もっとも、この場合は不審火ではなく、城下町の火事がそのまま城まで類焼してしまったものであるが、家康時代の火事のほとんどが不審火であることは、やはり大坂方との緊張関係ぬきに考えることはできないであろう。

㉞駿府城に拮橋があったというのは本当か

拮橋《はね》は刎橋とも書かれる。城の城内側の端に蝶番《ちょうつがい》のような金具をとりつけ、門のところに滑車をつけ、綱を橋の外側の一端につけて、その綱を何人かで引くと、橋が跳ね上がるしくみになっているもので、よくヨーロッパの城などに見られる形式である。

このようなヨーロッパの城形式の拮橋が駿府城にもあったというのは事実なのだろうか。前ルソン太守ドン・ロドリゴが日本に漂着し、駿府城の家康に謁見したことがあった。ロドリゴはその時の模様を紀行文に残しているが、その中に、「午後二時に至り、二百余の銃を構えたる護衛兵と駕が来たから、予はこれに乗り、長距離を過ぎて濠についた。この時城中から急に橋を引いたが、護衛兵が合図するや、直ちに之を下し……」という注目すべき記述がみられるのである。

場所的には駿府城の裏門にあたる草深門とよばれる門のことと思われるが、享保元年（一七一六）の『駿州御城図』（蓬左文庫所蔵）にも天守北側の本丸への門のところに「ハネ橋御門アカズ」という注記があり、駿府城に拮橋があったことは疑いないものといえよう。

㉟なぜキリシタン弾圧をするようになったか

秀吉によって禁止されたキリスト教は、秀吉死後、その禁圧がゆるんだこともあって、慶長十年代に入ると再び復活する動きをみせはじめた。『日本西教史』によると、慶長十一年の受洗者八〇〇〇人、同十八年の受洗者四三五〇人という数に及んでいる。

家康は、まず慶長十七年三月にキリスト教禁止令の命令を出した。もっとも、この年の禁教令は江戸・駿府・京都・長崎など幕府の直轄領だけを対象としたものであり、翌十八年、この方針が全国的に拡大されたのである。

ではなぜ、この時期に禁教令が出されたのだろうか。理由はいくつかあげられるが、家康側近の仏教者・儒者などが、思想的にキリスト教の考え方と相いれなかったことがまずあげられる。金地《こんち》院崇伝《いんすうでん》・南光坊天海《てんかい》・神龍院梵舜《ぼんしゅん》、それに林羅山らである。

また、そのころ家康に優遇されていたウイリアム・アダムス、ヤン・ヨーステンらの新教国オランダやイギリスと、旧教国ポルトガル、イスパニアの争いがあったことも一つの要因であったろう。

ほかに岡本大八事件、家康の側室になることをこばんだ、キリシタンのおたあジュリアの一件も関係しているといわれるが、その辺は定かではない。

㊱方広寺鐘銘事件は家康の陰謀か

方広寺というのは京都の天台宗寺院で、周知のように秀吉創建になるものである。慶長元年の地震で倒壊したあと、秀頼が再建したが、慶長十九年（一六一四）、大仏と鐘ができ、大仏の開眼供養が盛大に行われる段どりになった。

ところが、家康側から、鐘銘に不吉な文字があるので、開眼供養を延期するようにと申し出がなされたのである。

不吉な文字といわれたのは、「右僕射源朝臣」「国家安康」「君臣豊楽」という文字である。鐘銘を撰したのは京都東福寺の文英清韓という名僧であった。

直接的にこの文字にかみついたのは林羅山、それに崇伝と天海であった。まず「右僕射源朝臣」については、源を射つ臣と読め、源氏である家康を射つの意であるとし、「国家安康」では家康の名前を切っているとし、さらに「君臣豊楽」では、豊臣氏の繁栄のみを祈るものであると非難したのである。

しかし、これがいいがかりであることは明白で、「右僕射」というのは中国の官名で右大臣のこと、家康という字を入れたのは「かくし題」といって、ゆかりのある語句を挿入することは、文章を作る時によく行なわれることであった。

つまり、豊臣方には家康を呪うなどという意志はまったくなかったことが明らかで、大坂方討滅の機会を早いところ作りたいと思っていた家康側の陰謀であったことは確かである。

㊲増上寺はなぜ家康に取り立てられたか

増上寺と徳川家とのつながりは、家康がまだ江戸に入らない小田原在陣中との所伝もあるが（『落穂集』）、やはり江戸入城後であろう。そのころの住持存応《ぞんおう》（慈昌）が、三河の大樹寺の感応の弟子だったという縁によったものであると『徳川実紀』附録六は伝えている。

家康がはじめて増上寺を訪れた時の家康の言葉として、「当家の宗門は代々浄土にて、三河にては大樹寺をもて香火院としつれど、当地にてはいまだ定れる寺なし。幸この寺同宗の事なれば、当寺をもて菩提所とせんと思ふ。よろづ供養の事和尚に頼むなり」というのが同書に見えている。

なお、はじめは龍の口にあったが、のち芝に移り、慶長十年はじめて堂塔の建築が行われたという。

しかし、そうした熱烈な浄土宗信者であった家康が、天台宗の天海を重く用い、しばしば天台宗の教学を講じさせているのは、おもしろい現象である。

家康が遺言で、「葬儀は増上寺で行え」といっている点からすれば、増上寺とのつながりはかなり深かったものと思われる。

㊳「東照神君御遺訓」の真偽は

世に「東照神君御遺訓」あるいは「家康遺訓」と称するものが広く流布している。有名な、「人の一生は重荷を負て遠き道をゆくがごとし、いそぐべからず」ではじまり、「おのれを責て、人をせむるな、及ざるは過たるよりまされり」で終わる文章である。

確かに、家康の一生を見ると、信長・秀吉の下になって何十年もすごし、ついに晩年近くなって天下を手中にするという、「重荷を負て遠き道」を歩んだ一生であった。このような遺訓を残しても、不思議ではない一生だったといえる。

しかし、従来から指摘されているように、広く流布している遺訓の家康花押が、本当の家康の花押とは似ても似つかない形をしていること、また、この遺訓が、近世初期の著述になる逸話集などにも、一度も登場していないことなどから、後世の人の作文になるものだろうとの意見が強かったのである。

この遺訓にはじめて学問的メスを入れたのは徳川義宣氏で、氏は、この遺訓が、水戸光圀の「人のいましめ」を下敷きとして、旧幕臣池田松之助という者が明治維新直後に創作し、日光などの東照宮に奉納したものであることをつきとめている。偽作であることは確実となったといえよう。

㊴家康の遺産はどのくらいあったか

家康は実に倹約家だった。大御所時代の倹約ぶりが『駿河土産』などの逸話集に載っており、駿府城大奥の女中たちのお新香もたくさん塩をきかせて塩辛いくらいにし、バリバリ食べさせない算段をしていたことなどがうかがわれる。

倹約に倹約を重ね、しかも入ってくる年貢はしぼりとるわけなので、当然のことながら、

久能山東照宮

駿府城の倉には金銀がたまるということになる。

正確にどのくらいためこんだかはわからないが、家康が死んだ直後、その遺産を御三家の義直（尾張）、頼宣（紀伊）、頼房（水戸）に分配した時の記録が「元和二年辰霜月廿一日久能御金蔵金銀請取帳」という形で残されており、それによると、金が四七一箱、銀が四九五三箱、銀銭入り行李《こうり》五五という数になり、総額にして約二〇〇万両という試算がなされている。

なお、この二〇〇万両は、家康が慶長十二年（一六〇七）に駿府に隠居して後、十年間に蓄えたものであるから、さらに驚きである。

㊵なぜ東照大権現となったか

元和二年（一六一六）四月の死ぬ少し前のこと

であるが、家康は本多正純・天海・崇伝の三人を枕もとによびよせ、「自分が死んだら、遺体は久能山へおさめ、葬儀は増上寺で行ない、位牌は三河の大樹寺にたて、一周忌がすんだのち、日光山に小さな堂をたてて勧請《かんじょう》するように」と伝えた（『本光国師日記』）。

家康死後、その遺言通りにすすめられたが、一つ困った問題がおきた。それは、家康の神号を何にするかという問題であった。

天海と同じく家康の側近として仕えていた梵舜は、「東照大明神」を主張し、官位にも相当するとした。ところが、天海は「東照大権現」を主張し、結局は天海主張の線で決定したのである。

これは、梵舜の吉田神道と、天海の山王神道という二つの立場が真っ向からぶつかりあったことの結果で、久能山の埋葬が吉田神道方式でとり行われてしまったことへの天海の逆襲で、あったといわれている。

翌年、日光へ改葬したことも、天海の政治力が働いていたことはいうまでもない。『本光国師日記』でみるかぎり、家康は遺言で「日光にも堂を建てよ」とはいっているが、「遺骸を改葬せよ」とはいっていないのである。

家康廟（久能山東照宮）

6　私生活をめぐる謎

㊶築山殿は姉さん女房だったか

弘治三年（一五五七）八月十五日、家康（そのころは元信）は人質の身ながら結婚した。相手は今川義元の重臣の一人、関口義広の娘である。義広は史料によっては氏広とも見え、親永と称したこともあったらしい。義広の妻が今川義元の妹といわれているので、その娘は義元にとって姪であった。人質の身としては破格の扱いともいうべき婚姻であった。

ところで、結婚の時、家康は十六歳であるが、相手の女性の年は不明である。一説に同い年であったともいうが、その後の二人の関係を見ていくと、どうも妻の方が年上であったように思われる。

いかなる根拠があってのことか明らかにはされていないが、山岡荘八氏は桑田忠親氏との対談の中で、三つ四つ上であると述べている（『歴史対談徳川家康』）。

なお、駿府にいたころ、この女性がいかなる名前でよばれていたかは明らかではない。よく、瀬名姫と呼ばれていたといわれるが、当時のたしかな文献には出てこない。築山殿とか築山御前とよばれるようになるのは、家康が岡崎城にもどってからで、岡崎城内の築山に住み、そのようによばれるようになったものである。

㊷朝日姫との仲はどうだったか

家康二人目の正室である朝日姫は、旭姫とも書かれる。いうまでもなく秀吉の実の妹で、他家に嫁していたのを無理やり離婚させ、家康との同盟のために送りこまれてきた女性である。

朝日姫が嫁いできたのは天正十四年（一五八六）五月十四日のことで、この時、家康は四十五歳、朝日姫は一つ年下の四十四歳だったという。その年、家康は駿府城に移っているので、それ以後、朝日姫は駿河御前とよばれるようになった。駿河御前としても、夫と別れさせられてきたくらいだから、家康に愛情を抱くなどということはまずなかったろうし、家康の方にしてみても、まわりには若い側室が何人もおり、俗っぽいいい方をすれば、女には不自由していなかった。おそらく、二人の性的な関係はなかったであろう。

形だけの夫婦生活は、それでも二年間は続けられた。ところが天正十六年、駿河御前は、生母大政所の病気見舞を口実に上洛し、そのまま駿府にもどらなかったのである。秀吉も家康も、駿河御前の役割は終わったと判断したのであろう。

駿河御前が没したのは天正十八年一月十四日、小田原攻めの少し前のことであった。墓は静岡市葵区の瑞龍寺と、京都東福寺の南明院にある。

㊸側室は何人いたか

家康の側室について、高柳金芳氏の『江戸城大奥の生活』によると、①小督《おごう》(お万の方、秀康母)、②西郷局(お愛の方、秀忠・忠吉母)、③茶阿局(お久の方、忠輝母)、④お亀の方(義直母)、⑤お万の方(頼宣・頼房母)、⑥お勝の方(お八、お梶の方、市姫母)、⑦阿茶局(お須和の方)、⑧下山殿(お都摩の方、信吉母)、⑨お竹の方(振姫母)、⑩お牟須の方、⑪西郡の方(督姫母)、⑫お奈津の方、⑬お六の方、⑭お仙の方、⑮お梅の方の十五人を数えることがうかがわれる。

なお、江崎惇氏の「家康の妻妾たち」(『別冊歴史読本』「徳川家康その重くて遠き道」)によると、これら十五人のほかに、胡茶の局とお橋局の二人を数に入れて十七人としている。

十五人か十七人かは確定的でないが、この他にも何人かはいたはずで、いちおう、常々そばにおいておいた女性がこれだけいたというにすぎない。もっとも、十五人なり十七人の側室が同時期にいたと考えるのは誤りで、若いころの側室、中年のころの側室、晩年近くの側室と、様がわりはしているのである。

㊹秀康は本当に家康の子か

家康最初の側室といわれているのがお万の方である。彼女はもともと築山殿の侍女であったが、いつしか家康の手がつき妊娠した。生まれた子が於義丸、すなわち結城秀康である。

しかし家康は、しばらくの間、於義丸をわが子として認知しようとしなかった。確かに、正室築山殿がおり、しかも築山殿が嫉妬深いということもあって、認知しようにも認知できないといった事情が半面においてあったと思われるが、半面では、お万の方の妊娠に懐疑の念もあったためではないかと思われる。

天正元年、すなわち、家康がお万の方に手をつけたころの浜松城には、のちの江戸城や駿府城にみられるような大奥などというのはなく、側室として定まっていない侍女などの場合、男出入りは比較的容易であった。

しかもお万の方は、奔放な性格だったらしく、お万の方から妊娠したことを伝えられても、「本当に自分の子か」と疑いをもったわけである。

のち、長男信康のとりなしで於義丸とは父子の対面をするが、家康は最後までわが子であるという確信はもてなかったのである。二男の於義丸(秀康)をさしおいて、三男の秀忠が二代将軍になったのも、そのような事情があったからかもしれない。

㊺義直・頼宣・頼房を溺愛したのはなぜか

家康には十一男五女の子供があったが、中でも九男義直、十男頼宣、十一男頼房の三人をかわいがった。ふつうの愛情ではなく、溺愛といってもよいほどの愛しかたであった。その証拠には、いわゆる「徳川御三家」は、いずれもこの三人の系統からはじまっているのである。義直が尾張徳川家、頼宣が紀州徳川家、頼房が水戸徳川家である。

では、十一人の男子の中で、なぜこの三人だけが溺愛されたのであろうか。結論的にいうと、三人が三人とも家康が年をとってからの子供だからであると思われる。

義直が生まれたのは慶長五年（一六〇〇）、頼宣は同七年、頼房は同八年というように、それぞれ家康が五十九、六十一歳、六十二歳の時の子ということになる。

なお、それだけではなく、もう一つ理由が考えられる。それは、義直誕生の前に、家康は仙千代と松千代という二人の男の子と、松姫という女の子を夭折させているのである。悲しみのあとに得た三人の男子ということで、よけい愛情をそそいだものと思われる。遺産二〇〇万両がこの三人に分配されているくらいである。

㊻家康のモットーは何だったか

秀吉が諸大名を集めて宝物の自慢をしあったことがあった。ある者は名物茶器の名をあげ、ある者は刀の名をあげたりして、それぞれ自慢をしていた。

ところが、家康は何もしゃべらない。それに気がついた秀吉は、「徳川殿にはどのような宝がおありかな」と聞いた。

すると、家康は、「それがしは三河の田舎武士ゆえ、人に自慢できる宝はもちあわせません。ただし、私のためなら命を捨てるたくさんの家来をもっています」と平然と答えたという。

家康は常に「家臣こそわが宝」というようなことをいっているが、これがモットーだったといってよい。別ないい方をすれば、人心収攬術がモットーだったということになる。『徳川実紀』附録十八に、「金銀は宝といへども、飢を救ふに雑穀の用をもなさず、人も又かくの如し。返すぐ\捨まじきは人々の材能なり」と秀忠に教訓した話が伝えられているし、また、重臣の一人・土井利勝に対し、人材登用の心得として、「惣じて武辺の心懸ふかく志操あるものは、上役に追従せぬものぞ。されば重役の許に出入せざる者のうちに、かへりて真の人物はあるなれ」と述べているくらいである。

㊼趣味は何だったか

家康の趣味は鷹狩りだったことについては異論のないところであろう。とにかく、今川氏の人質として駿府にあった竹千代の時代から、死ぬ直前まで鷹狩りに出かけているのだから、鷹狩りの右に出るものはなかったと思われる。

もっとも、鷹狩りを単に趣味として片づけてしまうことはやや問題で、体の鍛練をも意図したスポーツとしてみておかなければならない側面もあった。

家康の鷹狩りに対する気持というものは、今日のわれわれには、ちょっと理解できないところがある。

たとえば、江戸近郊でのことであるが、野鳥が穀物を食べてしようがないというので、奉行が特別に許可して、その地の野鳥を捕えてもよいということになり、百姓たちは網でその野鳥を捕えた。ところが、そこは家康の鷹場であり、怒った家康は奉行に切腹を命ずるありさまだったのである。もっとも、この時は、家臣のとりなしで切腹命令を撤回しているが、それほどまでに鷹狩りに熱をあげていたことは、この一件でうかがわれるであろう。

家康像（駿府公園）

⑱武術の腕前はどうだったか

文禄三年（一五九四）五月、家康は柳生但馬守宗厳《むねよし》（石舟斎）から新陰流兵法の奥義を伝授されている。

かなりの腕前だったことは、このことからもうかがわれるところである。

ところが、その反面、おもしろいエピソードも伝えられている。

家康が疋田《ひきた》文五郎という剣客をよんで、その剣法の話を聞いた時のことである。家康はその話を全部聞いたあとで、「剣法は人によりけりである。私などは、攻撃の剣は必要でない。人が切りかけてきたのをよけることができればそれで十分である。あとはまわりの者が敵を討つ」といったと伝えられる。まさに「王者の剣」とよぶにふさわしい。

なお、家康が鉄砲の名手だったことは意外に知られていない。ふつう鉄砲というのは足軽とかの軽輩層が扱うもので、武将は自ら手にするということはまずないのであるが、その点、家康は型破りであった。

慶長十六年、家康が七十歳の時、駿府の浅間神社の社頭で近臣数名と鉄砲の射撃を行なっており、二町（約二二〇メートル）先の的をねらって家康は五発命中、他の家臣は誰も当たらなかったという。

㊾『吾妻鏡』を座右の書としたのはなぜか

『吾妻鏡』というのはいうまでもなく鎌倉幕府編纂の正史であり、日記の体裁をとっている編纂物である。この『吾妻鏡』を家康が愛読していたことが知られている。

具体的にいつ家康がはじめて『吾妻鏡』に接したかは明らかではないが、たとえば慶長元年（一五九六）には、京都の公卿山科言経《やましなときつね》から『吾妻鏡』の講義をうけていることが『言経卿記』によって知られ、『吾妻鏡』を自己の政治理念の基本にすえていたことがわかる。

やはり、自分が源氏であり（というより、系図を源氏に結びつけた）、源頼朝への親近感が頼朝の政治を理想とする考え方になったものと思われる。慶長十年、秀忠が将軍職の宣下をうけるため上洛したときなどは、人数の十万という数まで、頼朝の先例にならっているほどであった。

なお、その年三月、家康は活字版『東鑑《あずまかがみ》』を刊行させており、ただ自分が『吾妻鏡』から何かを学びとるというだけでなく、広く流布させたいと考えていたことがうかがわれる。

㊿家康の性格はどのようだったか

家康の性格としてまず指摘しうるのは、意外に思われる方も多いと思われるが、保守的だったということである。

時として思い切ったことをする場面もあるが、何かことをおこす場合、そのことが確実に成功することを確かめて行動に移している。つまり、根まわしを得意としたことが、その裏がえしの表現であろう。

つぎに、保守的というのにもつながるが、体制順応型だったという点も見のがせない。置かれた状況を冷静に判断する確かな目をもっていたという点である。

また、熱しにくく、さめにくいという特徴をもっていたのではないかと考えられる。すぐにはカッとならないが、じわじわくるというタイプで、記憶力のよさ、執念深さということも、この点にかかわってくると思われる。

＊『歴史読本』一九八二年一二月号　新人物往来社

徳川家康年表

1542（天文十一）	1歳	12・26　三河岡崎城主松平広忠の長男として生まれる。幼名は竹千代。母は於大の方
1544（天文十三）	3歳	9　父広忠と母於大の方離縁
1547（天文十六）	6歳	8　竹千代、今川氏の人質として駿府に行く途中、戸田康光に謀られ尾張・織田信秀のもとへ送られる
1549（天文十八）	8歳	3・10　父広忠、家臣に暗殺される 11・8　今川義元の軍師太原崇孚雪斎を大将とする軍勢が安祥城を攻め織田信広を捕える。信広と竹千代を人質交換 11・27　竹千代、駿府に出発
1555（弘治元）	14歳	3　竹千代、元服。松平次郎三郎元信と改める
1556（弘治二）	15歳	5　元信、岡崎に一時帰郷、亡父広忠の法要を営む 6・24　元信、三河大仙寺に寺領寄進（家康が発給した文書の初見）
1557（弘治三）	16歳	1・15　関口義広の娘（築山殿）と結婚
1558（永禄元）	17歳	2・5　元信、初陣。三河寺部城を攻める。元康と改名
1559（永禄二）	18歳	長男竹千代（信康）生まれる
1560（永禄三）	19歳	5・12　義元、京へ向け駿府出発 5・18　元康、大高城兵糧入れの命を果たす 5・19　丸根砦を攻め落とす

		5・19 義元、桶狭間で信長の奇襲を受け討死 5・23 元康、岡崎城に入る 長女亀姫生まれる
1561（永禄四）	20歳	9 三河東条城吉良義昭を攻め、西三河を制圧
1562（永禄五）	21歳	1・15 元康、信長と同盟を結ぶ 2・4 三河西郡城の鵜殿長照を攻め、長照の子二人を捕える 築山殿と信康・亀姫と交換
1563（永禄六）	22歳	3・2 嫡子竹千代（信康）と信長の娘徳姫婚約 7・6 家康と改名 9 三河一向一揆起こる
1564（永禄七）	23歳	2・28 一向一揆鎮圧 6・20 吉田城を攻め落とし東三河も平定
1565（永禄八）	24歳	二女督姫が生まれる。母は側室鵜殿氏
1566（永禄九）	25歳	12・29 松平から徳川に改姓
1567（永禄十）	26歳	5・27 嫡子竹千代と信長の娘徳姫結婚
1568（永禄十一）	27歳	12・12 家康、遠江侵攻を開始。武田信玄も駿河に
1569（永禄十二）	28歳	5・17 今川氏真、掛川城を明け渡す
1570（元亀元）	29歳	6・28 姉川の合戦。織田・徳川連合軍が浅井・朝倉連合軍を破る 6 家康、浜松城に入る 10・8 上杉謙信と盟約し、信玄と絶つ
1572（元亀三）	31歳	12・22 家康、三方原の戦いで信玄に大敗

1573（天正元）	32歳	4・12	信玄没す
		9・10	長篠城を落とす
1574（天正二）	33歳	2・8	二男於義丸（秀康）誕生
		6・17	高天神城落城
1575（天正三）	34歳	5・21	長篠・設楽原の戦い。織田・徳川連合軍が設楽原で武田軍を破る
1579（天正七）	38歳	4・7	三男秀忠誕生。
		7・16	信長、家康に信康・築山殿の処罰を命じる
		8・29	築山殿を遠州・富塚で殺害
		9・15	信康、二俣城で切腹
1581（天正九）	40歳	3・22	高天神城を奪還
1582（天正十）	41歳	2・3	甲斐攻略のため浜松城を出発
		3・11	勝頼、田野で自殺
		3・29	家康、信長から駿河一国を与えられる
		5・15	安土に信長を訪ねる。その後・京、堺見物
		6・2	本能寺の変。信長が明智光秀に殺される
		8・10	北条氏直と対陣
		10・29	氏直と講和、二女督姫を氏直に嫁がせることを約す
1583（天正十一）	42歳	5・21	賤ヶ岳の戦いの勝利を祝い秀吉に「初花の肩衝」を送る
		8・15	督姫が氏直に嫁ぐ
1584（天正十二）	43歳	3・28	家康軍と秀吉軍が対峙（小牧の戦い）

		4・9	家康軍、羽柴秀次軍を破る（長久手の戦い）
		11・11	秀吉と信雄が講和
		12・12	二男於義丸を秀吉の養子に送る
1585（天正十三）	44歳	7・11	秀吉、関白となる
		7・19	駿府城の修築に着手
1586（天正十四）	45歳	5・14	家康、秀吉の妹朝日姫を娶る
		10・27	大坂城で秀吉に謁見、正式に講和
		12・4	浜松城から駿府城に移る
1587（天正十五）	46歳	8・5	家康上洛し、九州攻めから凱旋の秀吉を賀す
		11	駿府城の修築完成
1588（天正十六）	47歳	5・14	駿府城の天守閣が完成
1589（天正十七）	48歳	2	駿府城で家康主催の三百韻連歌
		7・7	七ヵ条の定書公布。同時期五カ国総検地
1590（天正十八）	49歳	1・14	正室朝日姫が聚楽第で没す
		1・15	三男長丸元服、秀忠を名乗る
		2・10	家康、小田原攻めに三万の大軍を率い駿府出発
		3・1	秀吉も三万二〇〇〇の直属の軍勢を率い京を出発
		3・19	秀吉、駿府城に入る
		4・3	小田原城を包囲
		7・5	北条氏直が降伏
		8・1	家康、関東移封を命じられ江戸入城
1592（文禄元）	51歳	2	家康、上洛のため江戸出発

1593（文禄二）	52歳	3・17	肥前名護屋に向け京を出発
		8・29	名護屋の陣を去り、大坂に戻る
		10・26	江戸に戻る
1596（慶長元）	55歳	5・8	家康、内大臣となる
1598（慶長三）	57歳	8・18	秀吉没す
		8・25	家康と利家、朝鮮からの撤退命令
1599（慶長四）	58歳	閏3・3	五大老の一人前田利家死す
		閏3・4	加藤清正ら七将に狙われた石田三成が家康のもとに逃げ込む
		閏3・10	秀康を護衛につけ三成を近江佐和山城に送る
		閏3・13	家康、伏見城西ノ丸に入る
		9・27	大坂城西ノ丸に入る
1600（慶長五）	59歳	5・3	家康、諸大名に会津討伐を命令
		6・2	大坂城で会津討伐の軍議
		6・18	家康、伏見城を出発
		7・19	石田三成挙兵、伏見城を包囲
		8・1	伏見城陥落
		8・5	家康、小山から江戸に戻る
		8・10	三成、美濃大垣城に入る
		9・1	家康、三万余の軍勢を率い江戸を出発
		9・15	関ヶ原の合戦。家康の東軍と三成の西軍が対決
		9・17	佐和山城落城

年	年齢	月・日	事項
1601（慶長六）	60歳	10・1	三成、小西行長、安国寺恵瓊、京都の六条河原で処刑
		12	二条城造営
1602（慶長七）	61歳	8・28	生母於大の方、伏見城で死去
1603（慶長八）	62歳	2・12	家康、征夷大将軍となる
		7・28	家康の孫千姫が豊臣秀頼に嫁ぐ
1605（慶長十）	64歳	4・16	征夷大将軍職を秀忠に譲る
1606（慶長十一）	65歳	3	駿府城を隠居城に決める
1607（慶長十二）	66歳	2・17	駿府城の工事開始
		7・3	家康、駿府入城
		12・22	駿府城で失火、本丸焼く
1608（慶長十三）	67歳	3・11	本丸殿館が完成
		5	駿府に遊郭を造る
		8・20	駿府城天守台上棟式
1609（慶長十四）	68歳	6・1	駿府城本丸女房局から出火
1610（慶長十五）	69歳	10・9	駿府城台所から出火
1614（慶長十九）	73歳	7	家康、方広寺の鐘銘を非難
		11・19	大坂城を攻撃（大坂冬の陣）
1615（元和元）	74歳	5・7	大坂城を攻撃（大坂夏の陣）
		5・8	大坂城落城。秀頼と淀殿自害、豊臣氏滅びる
1616（元和二）	75歳	4・17	家康、駿府城で死去
		4・19	久能山に葬る

小和田哲男（おわだ・てつお）
1944年（昭和19年）、静岡市生まれ。早稲田大学大学院文学研究科博士課程修了。2009年より静岡大学名誉教授。文学博士。専攻は日本中世史。戦国史研究の第一人者として知られる。「戦国今川氏　その文化と謎を探る」「戦国の女性たち―16人の波乱の人生」「戦国武将」など著書多数。ＮＨＫ大河ドラマ「秀吉」および「功名が辻」の時代考証も務めた。

駿府の大御所 徳川家康

静新新書　010

2007年４月27日初版発行
2014年２月４日２刷発行

著　者／小和田哲男
発行者／松井　純
発行所／静岡新聞社
〒422-8033　静岡市駿河区登呂3-1-1
電話　054-284-1666

印刷・製本　図書印刷
・定価はカバーに表示してあります
・落丁本、乱丁本はお取替えいたします

ISBN978-4-7838-0332-4 C1221